AF634139

Royal Botanic Gardens Kew

ALYS FOWLER

Meine kleine Pflanzenwerkstatt

Spannende Gartenprojekte für Klein und Groß

Illustrationen von

HEIDI GRIFFITHS

GERSTENBERG

Haftungsausschluss
Alle Anleitungen in diesem Buch sind sorgfältig erwogen und mehrfach geprüft worden. Eine Garantie oder Haftung der Autorin oder des Verlages ist ausgeschlossen.

Inhalt

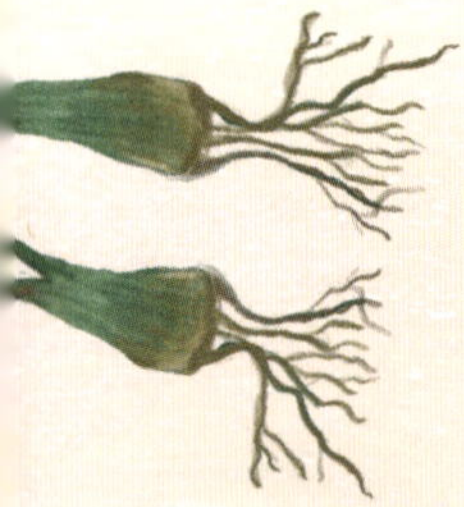

Willkommen in der wundersamen

Welt der Pflanzen!

Ich habe mit dem Gärtnern angefangen, noch ehe ich Fahrradfahren konnte. Ich war klein, und mein Garten unter einem Feigenbaum war es ebenfalls. Meine Mutter gab mir viele Pflanzen zum Streicheln, wie Brandkraut und Woll-Ziest. Wenn ich auf den Feigenbaum kletterte, konnte ich auf mein hübsches Fleckchen Garten hinabblicken. Seither ziehen mich Pflanzen magisch an.

Ich wurde größer und mein Garten auch. Schließlich war ich groß genug, die Pflanzen in den Kew Gardens, einer der berühmtesten Gartenanlagen Englands, zu studieren. Nun verbringe ich all meine Tage mit den grünen Wunderwesen, sammle Wissen über sie, pflanze und pflege sie – und, ganz wichtig, verspeise einige von ihnen.

Mein Leben mit Pflanzen hat mich um die ganze Welt geführt. In diesem Buch habe ich das gesammelte Wissen zusammengetragen und durch allerlei nette Do-it-yourself-Tipps ergänzt. Es soll dir helfen, Pflanzen kennenzulernen: Was mögen sie? Wie kommen sie in der Welt zurecht? Und welch manchmal merkwürdige und wundersame Dinge können sie vollbringen?

Die in diesem Buch vorgeschlagenen Aktivitäten dauern ein paar Tage, ein paar Wochen oder den ganzen Sommer und noch länger – wie es von Anzucht bis zur Ernte von Tomaten oder von der Aussaat von Pastinaken bis zum Basteln eines Blasrohrs der Fall ist. Es gibt auch Tipps für einfache, schnelle Sammelaktivitäten, die dich zum Beispiel mit Pflanzen bekannt machen, deren Geschmack sich beim Kauen magisch verändert. Zudem findest du Bastelanleitungen und sogar einige Experimente mit Pflanzen.

Gut möglich, dass dich das Buch dazu anregt, im nächsten Gartencenter einige Utensilien zu kaufen, um mit dem Gärtnern loszulegen. Du kannst aber auch viele Dinge aus dem Müll recyceln und auf Sachen aus dem Küchenschrank, dem Gewürzregal oder der Obstschüssel zurückgreifen. Das ist das Tolle am Gärtnern: Es muss nicht teuer sein!

Ein alter Löffel eignet sich prima als Handschaufel und ein leerer Joghurtbecher ist ein hervorragender Blumentopf. Es ist übringes kein Problem, wenn du keinen eigenen Garten hast – die meisten Pflanzen in diesem Buch wachsen auch auf dem Küchentisch, in einem Kübel vor der Haustür, auf dem Balkon oder sogar auf der Fensterbank deines Zimmers. Vielleicht kannst du sie auch zusammen mit deiner Klasse im Schulgarten anbauen.

Bei all diesen Aktivitäten lernst du, was du tun musst, damit es den Pflanzen gut geht und damit auch Bienen, Schmetterlingen und vielen anderen Insekten. Wenn sich jemand um die Pflanzen in deiner Umgebung kümmert, wird die Welt ein kleines bisschen besser.

Alys Fowler

Anleitung zur Benutzung dieses Buchs

Dieses Buch enthält eine Fülle von Anleitungen zum Gärtnern und Sammeln, für Spiel und Spaß, Experimente, Rezepte und mehr! Du kannst die Aktivitäten in beliebiger Reihenfolge durchführen oder dir herauspicken, was dich am meisten reizt.

Ich habe für alle Aktivitäten eine Liste der benötigten Dinge zusammengestellt und eine Schritt-für-Schritt-Anleitung für die Durchführung. Einiges erfordert eine Grundausstattung, zum Beispiel Pflanztöpfe, Saatschalen, Gießkannen und Etiketten, für die ich Vorschläge zur Herstellung aus Recyclingmaterial gemacht habe. Manches muss du sicher mithilfe einer erwachsenen Person besorgen, zum Beispiel Samen, Speisefarbe oder besondere Geräte. Vielleicht habt ihr die benötigten Dinge auch schon im Küchenschrank oder im Gartenschuppen. Die meisten Projekte in diesem Buch solltest du durchführen können, ohne etwas dafür kaufen zu müssen. Falls das doch einmal der Fall ist, wie die Luftpflanzen auf Seite 26 oder einen Sack Blumenerde, kannst du das günstig bei einem Gartencenter, einer Gärtnerei oder auch online erwerben – aber frag dabei auf jeden Fall eine erwachsene Person um Rat.

Auch für einige Aktivitäten, zum Beispiel die Rezepte mit essbaren Blüten und die Herstellung von Samenpapier, brauchst du bei den schwierigeren Teilschritten die Hilfe von Erwachsenen. Diese Schritte sind deutlich mit einem Bienensymbol wie diesem hier gekennzeichnet. Ich habe einige Fachbegriffe verwendet, die du vielleicht noch nicht kennst, deshalb findest du für sie unten eine Erklärung:

Samen dicht aussäen bedeutet, dass du VIELE Samen dicht an dicht nebeneinander säen musst. Die Samen dürfen aber nicht übereinanderliegen.

Dünn aussäen bedeutet genau das Gegenteil – manche Samen brauchen Platz. Wenn du Samen dünn aussäst, stellst du sicher, dass die Pflänzchen sich nicht berühren.

Ausdünnen: Sobald deine Sämlinge (Keimlinge, junge Pflanzen) zu wachsen anfangen, wird es eng. Jetzt musst du jede zweite Pflanze herausziehen, damit die anderen genug Platz haben, um zu gedeihen. Das musst du öfter wiederholen, da die kleinen Pflänzchen den gewonnenen Platz ausnutzen und schnell wachsen. Sobald sich die Blätter von Nachbarpflanzen berühren, musst du wieder ausdünnen.

Ein Hinweis zum sicheren Sammeln:

Manche Pflanzen schmecken köstlich, manche sind heilsam, andere aber können dich, wenn du sie isst, so krank machen, dass du ins Krankenhaus musst. Wenn du also Pflanzen sammelst, sei es im Garten, im Park oder bei einem Waldspaziergang, frage immer erst jemanden, der sich auskennt, ehe du etwas anfasst oder gar in den Mund steckst. Im Zweifelsfall musst du dein Blatt oder deine Blüte mit nach Hause nehmen und zusammen mit einem Erwachsenen in einem Bestimmungsbuch nachsehen!

Ein Hinweis für die Erwachsenen:

Wenn Sie die vorliegende Pflanze zu kennen glauben, aber nicht ganz sicher sind, machen Sie keine Experimente. Und wenn ein Blatt oder eine Blüte beim Zerreiben seltsam riecht, nicht probieren! Überprüfen Sie die Pflanze mithilfe eines Bestimmungsbuchs oder einer Bestimmungs-App oder fragen Sie eine fachkundige Person.

Nützliche Dinge fürs Gärtnern

Für einige der Aktivitäten in diesem Buch brauchst du eine Grundausstattung an Behältern und Geräten. Vieles davon kannst du aus Recyclingmüll wie leeren Milchkartons und Joghurtbechern selbst basteln.

Pflanztöpfe

in verschiedenen Größen: 9 cm, 15 cm, 30 cm und 40 cm Durchmesser oben (Bastelanleitung auf Seite 46)

Anzuchtschalen

(Alte Essensverpackungen eignen sich am besten.)

Gießkanne

(Bastelanleitung auf Seite 61)

Torffreie Komposterde

(Das ist die umweltfreundlichste Komposterde.)

Pflanzetiketten

(Bastelanleitung Seite 33)

Gartenschere

(Meist tut es auch eine stabile Haushaltsschere.)

Hacke

(Die brauchst du nur für wenige Gartenprojekte.)

Handschaufel

(Wenn ihr zu Hause keine habt, kannst du auch einen Holzlöffel aus der Küche benutzen.)

Rechen

(Den brauchst du nur für wenige Gartenprojekte.)

So gelingt die Aussaat

Achte auf die Größe eines Samens. Kleine Samen brauchen Licht zum Keimen und müssen deshalb direkt auf die Erde gesät werden. Große Samen wie Erbsen, Bohnen, Sonnenblumenkerne, Studentenblumen und Kapuzinerkresse brauchen keine Sonne und sollten deshalb mit Erde bedeckt werden.

Du brauchst:

- einen Topf oder einen recycelten Essensbehälter (im Boden müssen Löcher sein) oder ein unkrautfreies Gartenbeet
- Kompost- oder Pflanzerde
- Gießkanne (Bastelanleitung Seite 61)
- Handrechen oder -schaufel
- Samen!
- ein Pflanzetikett (Bastelanleitung Seite 33)

So wird ausgesät

1 Du kannst im Freiland säen, in einen Topf oder in eine Anzuchtschale. Das Beet musst du von Unkraut befreien und die Erde auflockern – mit einem Handrechen oder einer Handschaufel.

2 Wenn du in einen Topf oder eine Anzuchtschale säst, fülle diese bis zum Rand mit Kompost oder Pflanzerde und klopfe mehrmals leicht mit dem Boden des Gefäßes auf eine harte Oberfläche, damit sich die Erde setzt.

3 Öffne vorsichtig das Samentütchen und nimm eine kleine Handvoll Samen heraus. Sind die Samen klein, streue sie auf der Erde aus, sind sie größer, bedecke sie mit einer dünnen Schicht Erde.

Du kannst mit deinem Pflanzetikett oder im Beet mit Rechen oder Schaufel eine Rille in die Erde ziehen. Streue die Samen dann entlang der gezogenen Linie aus. Achte darauf, dass sie nebeneinander, nicht übereinander liegen.

4 Gieße die Samen dann an. Draußen geht das mit einer Gießkanne, bei Töpfen oder Schalen gibt es zwei Möglichkeiten:

a) Du kannst eine kleine (selbst gemachte) Gießkanne mit Brausekopf benutzen.

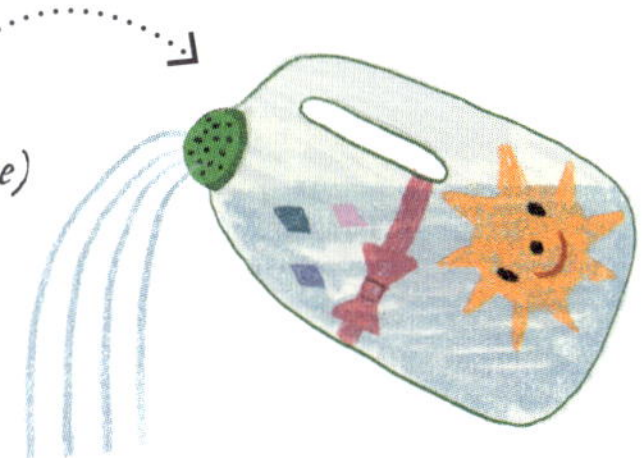

b) Du kannst den Topf oder die Schale in eine Schüssel mit Wasser stellen und die Pflanzerde saugt das benötigte Wasser auf. Wenn die Erde feucht ist, kannst du den Topf aus der Schüssel nehmen. Das ist gut bei kleinen Samen, die beim Gießen mit der Gießkanne weggespült werden können.

5 Du musst die Keimlinge mit einem Pflanzetikett versehen, sonst vergisst du, was da wächst. Notiere auch das Aussaatdatum, damit du weißt, wie lange die Samen zum Keimen brauchen. Wenn sich nach ein paar Wochen noch nichts tut, sind die Samen wohl tot.

6 Du musst die Samen feucht halten, aber gieße sie nicht mehr, bis sie keimen. Sie brauchen ein kleines Gewächshaus: eine DURCHSICHTIGE Plastiktüte, einen Plastikbecher oder eine Essensverpackung.

Die meisten Samen brauchen Wärme zum Keimen – zum Beispiel eine sonnige Fensterbank.

Wenn die Keimlinge erscheinen, kannst du die Plastikabdeckung wegnehmen und frische Luft an die Pflänzchen lassen.

Pralles Sonnenlicht ist oft zu viel für zarte Keimpflanzen. Wenn es zu hell und heiß ist auf deiner Fensterbank, suche mithilfe eines Erwachsenen nach einer mit indirekter Beleuchtung.

Wusstest du, dass Keimlinge gestreichelt werden wollen?

Streichle deine Keimlinge alle paar Tage sanft. Das regt die Wurzelbildung an. Du solltest auch mit den Pflänzchen reden! Wenn du redest, atmest du Kohlenstoffdioxid aus, das die Pflanzen zum Wachsen brauchen.

Ruckzuck- Tomatenzucht

Anzucht

Lass einen Wald aus einer Tomatenscheibe wachsen!

Du brauchst:

- eine große, reife Tomate
- einen Erwachsenen, der dir beim Schneiden hilft
- einen Pflanztopf von mindestens 9 cm Durchmesser
- Komposterde
- eine durchsichtige Plastiktüte
- eine Untertasse
- eine Gießkanne
- eine sonnige Fensterbank

1 Schneide von einer reifen Tomate eine 1–2 cm dicke Scheibe ab.

2 Fülle ¾ deines Pflanztopfs mit Kompost, lege die Tomatenscheibe obenauf und bedecke sie mit mehr Kompost.

3 Gieße Wasser zu, bis der Kompost durchfeuchtet ist, und stelle den Topf auf einer Untertasse auf eine sonnige Fensterbank. Stülpe eine Plastiktüte oder einen durchsichtigen Plastikbehälter darüber. So erhältst du ein Minigewächshaus. Jetzt musst du abwarten. Je nach Temperatur dauert es ein bis zwei Wochen, bis die Pflänzchen erscheinen.

Die Tomatenscheibe im Kompostbett beginnt zu verrotten, und die Samen erwachen zum Leben. Die Keimlinge bohren sich durch die Pflanzerde, und ein Wald kleiner Pflänzchen erscheint.

Nun müssen aus den Keimlingen ausgewachsene Tomatenpflanzen werden.

Pflanzen pikieren

So ein Tomatenwald sieht gut aus, aber wenn wir alle Pflänzchen zusammenlassen, werden sie nie groß. Wir müssen sie pikieren (vereinzeln): Jede braucht einen eigenen Topf.

Du brauchst:

- deine Tomatenpflänzchen
- Blumentöpfe (Durchmesser mindestens 9 cm)
- Kompost
- Pflanzetiketten
- Gießkanne
- Holzstäbchen
- Zeitungspapier

1. Lege Zeitungspapier auf einem Tisch aus (reichlich, weil es viel Dreck gibt).

2. Fülle deine Pflanztöpfe bis zum Rand mit lockerer Komposterde und bohre dann mit deinem Finger ein ¾ der Topfhöhe tiefes Loch in die Mitte.

3. Schütte deinen Tomatenwald vorsichtig auf das Zeitungspapier. Die Keimpflanzen sollen aber nicht auf dem Kopf landen!

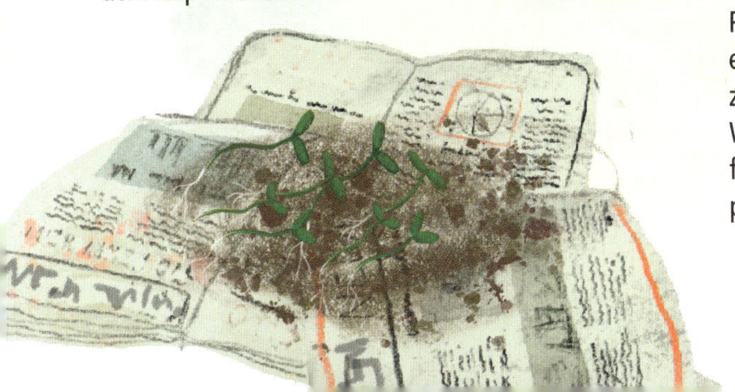

4. Nimm dein Stäbchen und löse damit die Keimlinge voneinander, ohne sie zu verletzen: Halte ein Pflänzchen an den Blättern (nie am Stängel) fest und ziehe es ganz, ganz vorsichtig von den anderen weg. Löse auch vorsichtig die Wurzeln.

5. Halte das Pflänzchen weiter an den Blättchen fest und lasse es in das Loch fallen, sodass die Blätter auf dem Kompost aufliegen.

6. Klopfe mit dem Topfboden vorsichtig auf den Tisch, sodass die Erde sich gleichmäßig um den Keimling setzt, und gieße das Pflänzchen an. Nun stelle es zum Weiterwachsen zurück auf die Fensterbank. Wiederhole das Ganze für jedes deiner Keimpflänzchen.

Fortsetzung auf der nächsten Seite

Fortsetzung von Seite 13

Nach ein paar Wochen sollten deine Pflänzchen zwei verschiedene Sorten Blätter haben: Keimblätter und Laubblätter. Letztere haben meist Ausbuchtungen und Zacken, während Keimblätter glatter und runder sind. Erst sind die Keimblätter größer als die Laubblätter, aber bald ist es umgekehrt.

Die Keimblätter fallen nach einiger Zeit ab. Deshalb halte dein Pflänzchen immer an den Keimblättern fest, da es nicht so schlimm ist, wenn diese etwas beschädigt werden.

Umtopfen

Wenn deine Füße wachsen, brauchst du neue Schuhe. Wenn ein Pflänzchen wächst, braucht es einen neuen Topf. Das erkennst du daran, dass die Wurzeln unten aus dem Loch im Pflanztopf herauswachsen. Jetzt ist es Zeit für einen größeren Blumentopf.

Du brauchst:

- Zeitungspapier (oder etwas anderes zum Abdecken des Tischs)
- Komposterde
- größere Töpfe (15 cm und 40 cm Durchmesser)

1. Fülle ¼ des Topfs mit Komposterde.

2. Breite deine Finger über einen Topf mit einem kleinen Pflänzchen. Drehe den Topf vorsichtig um und drücke die Seiten ein. Mit etwas Glück kommt das Pflänzchen heraus. Wenn nicht, musst du die Erde durch leichtes Aufschlagen der Topfseiten an der Tischkante vom Topf lösen.

Du musst die kleinen Pflänzchen ganz vorsichtig behandeln, damit sie heil bleiben. Lass dir dabei helfen.

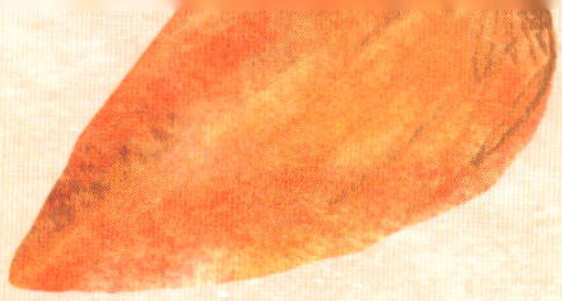

Es gibt über 10 000 Tomatensorten in Rot, Rosa, Gelb, Orange, Schwarz, Violett, Grün und sogar Weiß. Manche haben Streifen, manche Beulen, manche sind riesig, andere ganz klein.

Die Tomatensorte „Grüne Wurst" ist gelbgrün gestreift und sieht eher aus wie eine Gurke. Die Sorte „Moneymaker" (=„Geldmacher") erhielt ihren Namen, weil sie so reichlich Früchte trägt, dass ihr Verkauf viel Geld einbringt.

Den Rekord für die schwerste je gezogene Tomate hält der US-Amerikaner Dan. Sie wog 3951 Gramm – etwa so viel wie eine Katze. Wie viel Tomatensuppe man daraus machen könnte!

3 Setze nun das Pflänzchen mit so viel Kompost wie möglich in einen Topf mit 15 cm Durchmesser und fülle Kompost bis zum Rand auf.

4 Wenn die Pflanze zu groß für den 15-cm-Topf geworden ist, kann sie in ihr endgültiges Zuhause umgetopft werden. Es ist Zeit für einen Topf mit 40 cm Durchmesser.

5 Das Umtopfen geht genauso wie zuvor. Bringe möglichst viel vom Stängel unter die Erde – bis zu den ersten Blättern.

Jetzt ist deine Tomatenpflanze zu groß für die Fensterbank, sie muss nach draußen umziehen. Sie braucht ein warmes Plätzchen, damit sie sich wohlfühlt.

Blätter sammeln

Die ersten Menschen kannten keine Karotten, Brokkoli oder Zuckermais. Sie ernährten sich von Wildpflanzen – Pflanzen, die wir oft als Unkraut abtun.

Lasst uns also einheimische wildwachsende Pflanzen finden und probieren. Du brauchst dazu einen Erwachsenen!

GOLDENE REGELN ZUM SAMMELN:

1. Iss nie etwas, das du nicht genau kennst. Frage immer erst einen Erwachsenen, ob du die richtige Pflanze hast.

2. Pflücke keine Pflanzen am Straßenrand – die Abgase der Autos sind nicht gesund. Du solltest auch nichts essen, wo Hunde draufgepinkelt haben. Das schmeckt richtig ekelig! Hunde pinkeln meist am Wegrand, also pflücke weiter innen auf der Wiese.

3. Reiße keine Pflanzen mit Wurzeln aus. Pflücke nur die Blätter, die du brauchst.

4. Pflücke nicht zu viel: Lass genug für all die Bienen, Schmetterlinge, Mäuse, Kaninchen, Eichhörnchen, Spitzmäuse, Spinnen, Tausendfüßer und Vögel übrig, die auf die Pflanzen als Nahrung und Zuhause angewiesen sind.

Knoblauchsrauke

Knoblauchsrauke wächst unter Hecken oder auf Böschungen. Die herzförmigen Blätter und die winzigen weißen Blüten schmecken gleichermaßen gut.

Schau, ob du auf den Blättern winzige orangefarbene Eier entdeckst. Dann nicht pflücken! Knoblauchsrauke ist eine wichtige Futterpflanze für Aurorafalter.

Wenn du und dein Erwachsener die richtige Pflanze gefunden habt, pflücke ein Blatt und zerreibe es in der Hand. Es sollte nach Knoblauch riechen!

Zuerst schmeckt das Blatt scharf und würzig wie Senf, beim weiteren Kauen kommt der Knoblauchgeschmack.

Sauerampfer

Der Kleine Sauerampfer findet sich auf feuchten Wiesen, nie im Schatten oder wo es kein Gras gibt.

Wenn du die richtige Pflanze hast, pflücke ein paar Blätter und stecke sie in den Mund. Sie sind sauer, aber lecker, besonders, wenn du nach einer langen Wanderung etwas durstig bist.

Die Blätter sind etwa 3 cm lang und pfeilförmig, die Blütenrispe trägt viele kleine gelbgrüne oder rosa Blüten.

Sauerampfer schmeckt wie Zitronensorbet – es bitzelt im Mund und hat einen scharfen Zitronengeschmack.

BLÜTEN

Es gibt mehr als 250 000 Arten von Blütenpflanzen auf der Welt. Manche sehen merkwürdig aus, manche riechen himmlisch und andere stinken fürchterlich!

Orchidee

Hummeln werden von violetten Blüten angezogen.

Die ersten Blütenpflanzen traten vor 140 Millionen Jahren auf, als noch Dinosaurier die Welt beherrschten. Davor bedeckten vor allem Farne und Nadelbäume die Erde.

Blüten sind die Vermehrungsorgane der Pflanzen. Wird eine Blüte bestäubt, kommt es zur Befruchtung und Entwicklung von Samen, aus denen wieder neue Pflanzen wachsen können.

Die bunten äußeren Teile einer typischen Blüte sind die Kronblätter. In der Blütenmitte sitzt der vasenförmige Stempel, der weibliche Blütenteil, mit der klebrigen Narbe. An ihr bleiben die Pollen hängen. Der untere Teil der Vase ist der Fruchtknoten mit den Eizellen, nach deren Befruchtung die Samen reifen.

Die männlichen Blütenteile sind die Staubblätter mit den meist runden leuchtend gelb oder orange, bei manchen Pflanzen auch violett gefärbten Pollen.

Die größte Blüte der Welt hat die Riesenrafflesie (Rafflesia arnoldii) *mit einem Durchmesser von bis zu 1 m. Sie stinkt fürchterlich!*

Bestäuber wie Bienen, Fliegen, Käfer, Vögel und kleine Säugetiere wie Fledermäuse kommen, um den eiweißreichen, nahrhaften Pollen der Pflanze oder den süßen, energiereichen Nektar zu sammeln. Manche mischen auch den bitteren Pollen mit süßem Nektar, so wie du vielleicht Zucker auf deine Cornflakes streust.

Manche Blumen sind sehr giftig. Schon ein Mund voll Engelstrompete kann dich töten.

Pflanzen brauchen geflügelte Freunde!

Wenn ein Bestäuber eine Blüte besucht, sammelt er Nektar oder auch Pollen für sich selbst, aber einige Pollenkörner bleiben in seinen Haaren oder Federn hängen. Beim Besuch der nächsten Blüte bleiben diese Pollenkörner an der Narbe kleben. Damit können die Eizellen im Fruchtknoten befruchtet werden und Samen wachsen.

Wenn also eine Biene oder ein Schmetterling eine Blüte besucht, helfen sie der Pflanze, Samen zu bilden, damit neue Pflanzen entstehen. Die Belohnung für diesen Dienst sind Pollen und Nektar.

Viele Blüten sind bunt, um tierische Bestäuber anzulocken. Manche Pflanzen nutzen aber den Wind als Bestäuber. Ihre Blüten sind unscheinbar, haben keinen Nektar und duften kaum. Alle Gräser sind windbestäubt.

Die Paradiesvogelblume gleicht einem bunten Vogel.

Die kleinste Blütenpflanze der Welt ist die Wasserlinse Wolffia angusta *mit nur 0,6 mm Länge. (Sie würde in den Buchstaben o auf dieser Seite passen.)*

Brokkoli besteht aus unzähligen kleinen geschlossenen Blüten!

Ein Heim für kleine Tiere

Marienkäfer verstecken sich gern in Ritzen und Spalten von Bäumen ...
Spinnen verkriechen sich in Löchern ...
Käfer vergraben sich in Uferböschungen ...

In der Natur gibt es viele Nischen und Spalten, in denen Insekten und andere kleine Tiere ein Zuhause finden.

Aber im harten Beton und Asphalt unserer Wege und Straßen finden Käfer und Co. keinen Unterschlupf. In den glatten Wänden unserer Häuser gibt es keine Risse, wo sie wohnen könnten. Und auch auf unseren sauberen, aufgeräumten Feldern und Höfen fehlen Verstecke.

Aber in eurem Garten, im Park und auf dem Weg zur Schule kannst du Tausende von Dingen finden, aus denen sich ein Zuhause für die kleinen Krabbler bauen lässt.

Es gibt viele Möglichkeiten, ein Heim für Krabbeltiere zu bauen. Hier sind nur ein paar Ideen für den Anfang:

Binde Zweige, Stängel und Röhrchen zu Bündeln zusammen oder stecke sie in alte Pappröhren.

Nimm einen alten Tontopf (er kann kaputt sein, aber bei scharfen Kanten aufpassen!), fülle ihn mit Moos oder trockenem Laub, Stroh oder Holzschnitzeln und lege ihn auf die Seite. Du kannst auch Backsteine mit Löchern nehmen.

Du kannst eine alte Holzkiste mit Stroh oder Blättern füllen und Kiefernzapfen obenauf legen.

Auch ein Haufen Steine oder aufgeschichtete Schieferplatten sind ein prima Krabblerheim. Solange es genug Löcher und Spalten zum Verstecken gibt, ziehen Tierchen ein.

Was du für dein Krabbeltierhotel sammeln kannst:

- trockene Pflanzenstängel aus dem Garten oder Park
- hohle Stängel zum Befüllen
- alte, leere Bambusrohre
- Zweige aus dem Wald oder Park
- trockene Moospolster
- eine Handvoll Stroh
- einen alten Blumentopf aus Ton oder einen Backstein mit Löchern
- Kiefernzapfen, trockenes Herbstlaub oder Holzspäne

Manche Krabbeltiere verbringen den Winter gern trocken und warm, andere feucht und kühl. Deshalb gibt es nicht den einen geeigneten Platz für dein Insektenhotel. Stelle es vor Regen geschützt auf, zum Beispiel unter dem Dach oder der Fensterbank des Gartenschuppens, einem immergrünen Busch, einer Hecke oder einem Zaun.

Bau dein Mittagessen an

Erbsensprossen (Erbsenkeimlinge) schmecken wie Erbsen. Du kannst das ganze oberirdische Pflänzchen essen.

Erbsensprossen kann man das ganze Jahr über anbauen, im Sommer draußen, im Winter auf der Fensterbank.

Erbsensprossen schmecken in Salaten und Tacos, auf belegten Broten und Burgern, mit Fischstäbchen oder einfach so zum Naschen.

1 Fülle einen Pflanzbehälter zu ¾ mit Anzuchterde und streue die Samen dicht an dicht darauf.

2 Nun bedecke sie dünn mit ein wenig Erde und gieße sie gut. Wenn du die Erbsen drinnen wachsen lässt, stelle den Topf nebst Untersetzer zum Auffangen von überschüssigem Wasser auf eine Fensterbank.

3 Erbsensprossen wachsen schnell – sie sollten schon nach drei bis vier Tagen erscheinen. Wenn sie 5–10 cm hoch sind, kannst du deine erste Ernte mit einer Schere abschneiden. Wie schmeckt's?

Du brauchst:

- einen Topf oder anderen Behälter mit Abflusslöchern
- Erbsensamen
- eine kleine Tüte Anzuchterde
- eine Schere

Du kannst alle Arten von Erbsensamen verwenden, auch getrocknete Erbsen aus dem Supermarkt. Du brauchst auch keinen tollen Blumentopf, jeder passende Behälter tut es ebenso.

Die Blüten schmecken genauso gut wie die Sprossen und sehen zudem sehr hübsch aus.

5 Wenn die Erbsensprossen nach einiger Zeit zu zäh werden, pflanze sie nach draußen, wenn du Platz hast. Die Pflänzchen fangen schon bald an zu blühen.

4 Nachdem du deine ersten Sprossen geerntet hast, gieße den Topf nochmals gut, damit die nächsten Blättchen wachsen. Wenn es heiß ist, solltest du täglich gießen. Du kannst in der Regel dreimal ernten, ehe die Sprossen zu zäh und bitter zum Essen werden.

Dein Blumenduftwasser

Mit Duft locken Pflanzen Bestäuber an. Je weiter der Duft reicht, desto mehr Insekten finden sich ein und desto besser sind die Chancen zur Fortpflanzung.

Manche Pflanzen duften nicht, denn sie haben keine Nektardrüsen, die süßen Nektar (und Duft) produzieren. Gräser oder Nadelbäume nutzen den Wind zur Pollenverbreitung und müssen deshalb keine Bestäuber anlocken. Duftstoffe herzustellen wäre für diese Pflanzen Energieverschwendung.

Die Duftsignale sagen: „Hier gibt es leckeren Nektar."

Du brauchst:

- eine erwachsene Hilfsperson
- ein Glasfläschchen zum Aufbewahren des Duftwassers
- einen kleinen Topf
- einen Holzlöffel
- mindestens eine Tasse Blüten (zum Beispiel Rosen, Wald-Geißblatt, Jasmin oder Lavendel)
- Lebensmittelfarbe
- 2 Tassen Wasser
- Trichter mit Mulltuch oder Filterpapier

1. Hast du deine Blüten bereit? Dann miss zwei Tassen Wasser ab und bringe sie in einem kleinen Topf zum Sieden. Frag deinen Erwachsenen um Hilfe.

2. Füge die Blütenblätter hinzu und stell die Herdtemperatur herunter, sodass es nur noch köchelt. Verschließ den Topf mit einem Deckel.

Riech mal an der Rose!

Mach doch mal einen Spaziergang durch den Garten oder Park und rieche an allen Blüten, die du findest. Aber aufpassen, ehe du die Nase in die Blüte steckst! Nicht, dass da eine Biene sitzt.

Blüten riechen am besten frühmorgens und dann wieder am Abend. In der Mittagshitze produzieren sie keine Duftstoffe, da diese von der heißen Sonne verbrannt würden.

Du könntest ein Notizbuch mitnehmen, um die Pflanzen mit dem interessantesten Duft aufzumalen und aufzuschreiben, wo du sie gefunden hast und wie sie riechen.

Für dein Duftwasser musst du gut riechende Blüten sammeln, und zwar die ganze Blüte, nicht nur die Blütenblätter. Wenn du Blumen pflücken willst, die jemand anderem gehören, frage erst um Erlaubnis.

3 Nach zwei Stunden stellst du den Herd aus. Jetzt muss das Ganze mehrere Stunden, am besten über Nacht, ziehen. In der Zeit kannst du dein Glasfläschchen verzieren.

4 Ist das Wasser abgekühlt, kannst du mit einem Holzlöffel den letzten Rest des Safts aus den Blüten pressen. Fülle das Duftwasser mithilfe eines mit Mulltuch oder einer Filtertüte ausgelegten Trichters in dein Fläschchen. Die ausgekochten Blüten kommen auf den Kompost oder in die Biotonne.

5 Die gefilterte Flüssigkeit ist dein Duftwasser. Falls es eine komische Farbe hat, kannst du sie mit einem Tropfen Speisefarbe hübscher machen.

Dein Duftwasser hält sich im Kühlschrank etwa einen Monat. Lavendelwasser kannst du vor dem Zubettgehen ins Badewasser geben.

Lass Luftpflanzen wachsen

Luftpflanzen wachsen in den Regenwäldern, Bergen und Wüsten Amerikas in luftigen Höhen – und als sogenannte Aufsitzerpflanzen auch auf Telefonleitungen, Ästen und Rinde von Bäumen und auf Felsen. Also auf allem, wo sie sich festhalten können! Und dazu brauchen sie keine Erde und nicht viele Wurzeln.

Wenn du Luftpflanzen online oder in einem Gartencenter kaufen willst, dann besorg dir Tillandsien. Es gibt viele verschiedene Arten für eine hübsche kleine Pflanzensammlung.

1 Luftpflanzen brauchen einen Platz mit hoher Luftfeuchtigkeit. Davon gibt es in der Wohnung meist zwei: das Bad und die Küche.

2 Luftpflanzen sind recht anspruchslos. Solange ab und zu jemand badet oder duscht, fühlen sie sich im Bad wohl. Du kannst sie an einem Seil von der Decke herabhängen lassen oder sie auf Rinde setzen und an die Wand hängen. Auch die Küche, genauer: nahe der Spüle, ist ein guter Platz.

Bei Luftpflanzen siehst du oft keine Wurzeln, vor allem, wenn sie noch jung sind. Es wachsen zwar ein paar Wurzeln, aber diese dienen nur dem Festhalten am Untergrund, nicht der Versorgung mit Wasser und Nährstoffen. Alles, was eine Luftpflanze braucht, nimmt sie über ihre Blätter aus der Luft auf.

Die feinen Haare oder Schuppen darauf saugen Feuchtigkeit auf, und auch das Kohlenstoffdioxid und das Sonnenlicht für die Fotosynthese werden von den Blättern eingefangen.

Die Mineralstoffversorgung ist aber nicht so gut, deshalb wachsen Tillandsien nur sehr langsam.

3 Im Sommer musst du deine Luftpflanzen einmal in der Woche wässern, im Winter einmal im Monat. Das macht Spaß:

Du kannst deine Luftpflanzen auch mit Wasser einsprühen. Wenn du ihnen etwas Gutes tun willst, suche draußen feuchtes Moos und drücke es über den Pflanzen aus. Dabei bekommen sie auch Mineralien.

Wenn du großes Glück hast, verändert deine Pflanze bei guter Pflege komplett die Farbe! Sie wird orange oder rosa. Der Farbwechsel beginnt in der Mitte und breitet sich aus. So zeigt die Pflanze vorbeifliegenden Insekten, dass sie bald blühen will.

Fülle die Spüle mit Wasser und tauche die Pflanzen 10 Sekunden unter. Du kannst sehen, wie die graugrünen Pflanzen kräftig grün werden, wenn die Saughaare Wasser aufnehmen.

Wenn du sie herausnimmst, schüttle sie, damit sich in der Mitte kein Wasser sammelt. Sonst faulen die Pflanzen.

Sukkulenten aus Blättern ziehen

Alle Lebewesen bestehen aus Zellen – du, ich, deine Katze, die Singvögel, die Würmer, die Amöben in der Erde, die Quallen und die Wale im Meer. Zellen sind die Bausteine des Lebens.

Pflanzenzellen sind fantastisch. Aus einer beliebigen Pflanzenzelle kann eine neue Pflanze entstehen. Deshalb kann man bei vielen Pflanzen aus einem abgeschnittenen Blatt eine ganz neue Pflanze ziehen.

Das nennt man vegetative Vermehrung oder in diesem besonderen Fall Vermehrung durch Blattstecklinge. Bei Blattsukkulenten klappt das fast immer. Sie haben besondere Blätter, die nicht nur Wasser speichern: Ihre Zellen lassen neue Wurzeln, Stängel und Blätter entstehen, wenn sie sich teilen!

Frage mal die Leute, die du kennst, ob jemand eine Sukkulente hat. Alles, was du brauchst, ist ein Blatt davon.

Du brauchst:

- eine Lebensmittelschale aus dem Recyclingmüll
- Komposterde
- eine Untertasse
- Quarzsand oder Perlit

1. Schüttle die Sukkulente vorsichtig oder zupfe unten an der Pflanze gesunde Blätter heraus. Du musst natürlich erst die Besitzerin oder den Besitzer um Erlaubnis fragen!

2. Jetzt müssen die Abbruchstellen verheilen und trocknen. Dazu kannst du die Blätter auf eine Untertasse legen. Das Trocknen dauert etwa fünf Tage.

3 Fülle dann deine Pflanzschale mit Kompost und gib, wenn vorhanden, etwas Quarzsand oder Perlit zu, damit die Erde nicht zu feucht und fest wird. Lege die Blätter hinein.

4 Nicht gießen, nur einmal wöchentlich mit Wasser besprühen! An einen hellen Platz stellen, aber nicht direkt in die Sonne!

5 Nach einer Woche solltest du kleine Wurzeln erkennen. Es kann aber auch länger dauern, also hab Geduld.

6 Nach einiger Zeit erscheinen winzige Blättchen – deine neue Pflanze wächst heran!

7 Nach einigen Monaten hast du kleine Sukkulentenpflanzen, die du nun in ihre eigenen Töpfe umpflanzen kannst.

Die Methode funktioniert gut bei Echeverien, Kalanchoen, Pfennigbaum und vielen Fetthennenarten.

Lass einen Avocadobaum wachsen

Wir Menschen lieben Avocados – wir essen sie schon seit 10 000 Jahren. Sie stammen aus dem Tehuacán-Tal in Mexiko.

Der Avocadokern ist ein sehr großer Samen. Man nimmt an, dass damals, als die Avocados entstanden, die Samenverbreitung durch große Säugetiere erfolgte. Diese verschlangen die Avocados und die Kerne wurden an anderer Stelle mit dem Kot der Tiere vollständig wieder ausgeschieden. Der Kot war feucht und bot gute Wachstumsbedingungen. Es geht aber auch ohne Mist. Die Samen brauchen allerdings viel Wasser zum Keimen! Ohne nassen Popo tut sich bei der Avocado gar nichts!

Du brauchst:

- einen Avocadokern
- eine Plastikflasche (für die Plastikflaschenmethode)
- Zahnstocher und ein Marmeladenglas (für die Zahnstochermethode)
- eine erwachsene Hilfsperson
- einen hohen Blumentopf (15 cm hoch sollte reichen)
- eine Schere
- Komposterde

Die Plastikflaschenmethode

1 Wasche deinen Avocadokern und trockne ihn.

2 Schneide dann mit deiner Hilfsperson das obere Viertel der Plastikflasche direkt unter dem Hals ab. Drehe das abgeschnittene Flaschenoberteil um und setze es auf das Unterteil, sodass der Hals nun in der Flasche steckt.

Wenn du keine Plastikflasche hast, versuch doch mal ...

Die Zahnstochermethode

Stecke drei bis vier Zahnstocher gleichmäßig verteilt in die Seiten des Avocadokerns.

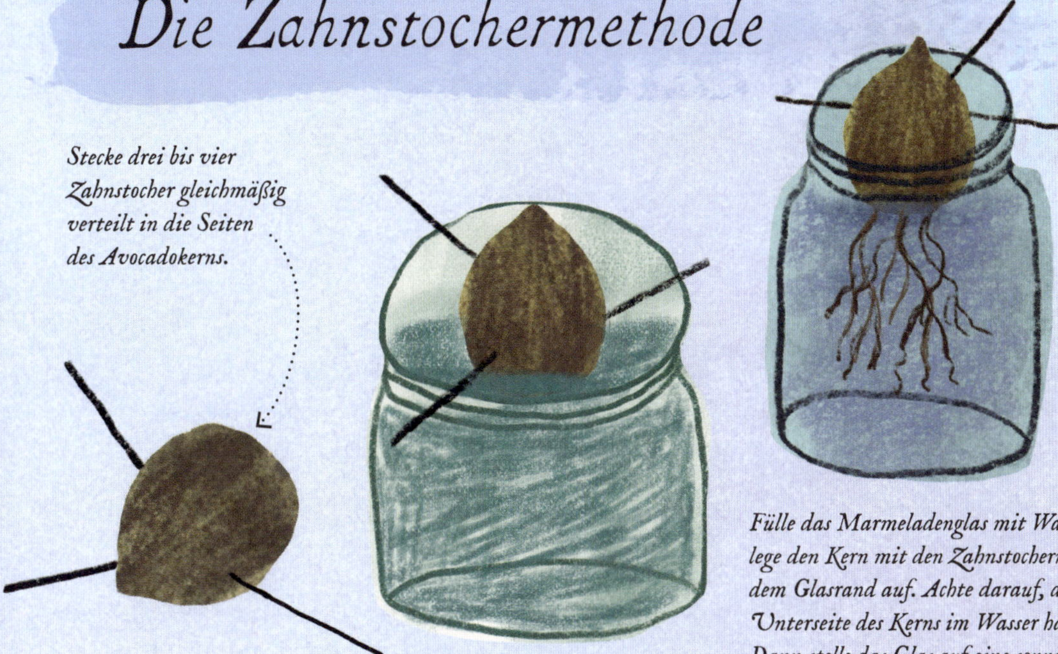

Fülle das Marmeladenglas mit Wasser und lege den Kern mit den Zahnstochern auf dem Glasrand auf. Achte darauf, dass die Unterseite des Kerns im Wasser hängt. Dann stelle das Glas auf eine sonnige Fensterbank und warte ab.

3 Fülle nun die Flasche bis zum Hals mit Leitungswasser.

4 Du musst deinen Avocadokern in den umgedrehten Flaschenhals setzen. Die Wurzeln erscheinen auf der breiteren Unterseite, also muss diese ins Wasser ragen.

5 Nun kannst du deine Avocado auf eine warme, sonnige Fensterbank stellen. Jetzt heißt es, Geduld haben: Bis zur Keimung kann es Monate dauern, aber dann geht es schnell!

Du musst vielleicht Wasser nachfüllen, denn wenn der Kern auf dem Trockenen sitzt, keimt er nicht.

Fortsetzung auf der nächsten Seite

Fortsetzung von Seite 31

Wie aus dem Avocadokeimling ein Baum wird

1 Wenn dein Avocadokern keimt, bekommt er Wurzeln und Blättchen. Sobald er mindestens 10 cm hoch ist, kannst du ihn in Erde umsetzen. Fülle einen Topf, der hoch genug ist, dass die Wurzeln nicht gequetscht werden, mit frischem Kompost.

2 Die Erde ist für das Pflänzchen nach ihrem Umzug von der Wasserflasche relativ trocken, deshalb musst du regelmäßig gießen. Wenn sich die Blattränder kräuseln und braun werden, musst du mehr gießen.

3 Wenn deine Avocadopflanze 20–30 cm hoch ist und vier oder mehr Blätter hat, schneide die Spitze knapp über einem der unteren Blätter ab und entferne den oberen Teil. Das bringt die Pflanze dazu, sich zu verzweigen und schöner zu wachsen. Sonst wird sie lang und dünn.

Avocados können in kalten Gebieten nicht draußen wachsen, aber drinnen im Warmen sehr gut. Wenn du einen großen Baum haben willst, musst du die Pflanze jedes Mal, wenn die Wurzeln unten aus dem Topf ragen, in ein größeres Gefäß umtopfen.

Je größer der Topf, desto größer wird die Pflanze.

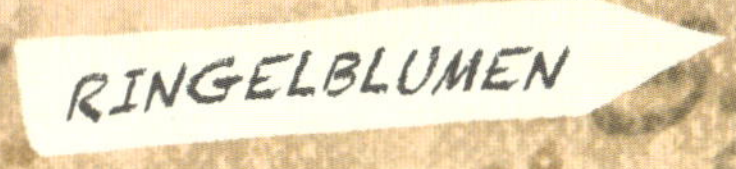

Pflanzetiketten
basteln

Alle Pflanzen haben einen wissenschaftlichen Namen, der überall auf der Welt gilt, zum Beispiel *Calendula officinalis*. Calendula ist wie der Nachname und *officinalis* der Vorname. Oft haben Pflanzen auch mehrere sogenannte Trivialnamen. So heißt *Calendula officinalis* im Deutschen Ringelblume oder in manchen Gegenden auch Ringelrose, Christusauge, Goldblume oder Rinderblume, um nur einige zu Namen nennen.

Du kannst deinen Pflanzen auch Namen geben. Ich habe seit über 20 Jahren eine Zimmerpflanze namens Fred, die mit mir mehrmals umgezogen ist.

Außer dem Namen der Pflanze kannst du weitere nützliche Daten aufschreiben, zum Beispiel das Aussaatdatum. Dann kannst du nach ein paar Wochen überprüfen, ob die Aussaat gelungen ist oder ob du noch einmal säen musst. Wenn du nicht willst, dass deine Pflanzen mit denen anderer Familienmitglieder durcheinandergeraten, schreibe auch deinen Namen auf das Etikett.

Dinge, die du für deine Etiketten nutzen kannst:

Flache Steine sind sehr gut geeignet, vor allem für Pflanzen, die du im Garten säst, wie Petersilie, Salat, Rote Bete oder Thymian. Du kannst die Steine bemalen oder mit einem Permanentmarker beschriften.

Joghurtbecher: Schneide den Boden ab und dann die Seiten in Streifen oder Dreiecke. Darauf kannst du mit Permanentmarker die Pflanzennamen schreiben.

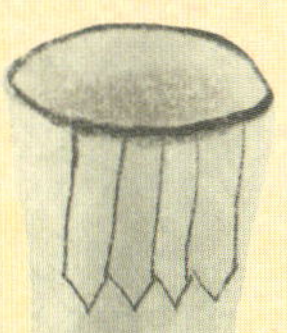

Eisstiele sind gute Namensschildchen.

Du kannst auch Muschelschalen auf der Innenseite beschriften.

SAMEN

Samen gibt es in allen Formen und Größen. Sie sind lebendig und tragen alles, was für ein neues Leben nötig ist, in sich: All die Nährstoffe, die die neue Pflanze, die aus ihnen wächst, in der ersten Zeit versorgen.

Ein Samenkorn schläft, bis es keimt. Dann wacht es auf und wächst zu einer kleinen Pflanze, dem Keimling oder Sämling, heran. Wenn du einen Samen säst, achte darauf, dass er alles hat, was er zum Aufwachen braucht – Wasser, Luft und Licht.

Wasser

Als Erstes braucht ein Samen Wasser, damit er aufquellen und die Samenschale sprengen kann. Danach kann er Wurzeln bilden, mit denen er sich im neuen Zuhause verankert. Ist er zu nass, wacht der Samen aber nicht auf.

Die kleinsten Samen sind die von Orchideen. Sie sind winziger als ein Staubkorn und so leicht, dass sie vom Wind, manchmal auch von Wasser, über Hunderte von Kilometern davongetragen werden können.

Orchidee

Avocado

Ist eine Spritzgurke reif, fällt die unter Druck stehende Frucht ab und spritzt dabei ihre Samen in einem langen Schleimstrahl bis zu 12 Meter weit weg.

Luft

Als Nächstes braucht der Samen Luft. Mithilfe des darin enthaltenen Sauerstoffs kann er die Energie aus seinem Nährstoffspeicher zum Wachsen nutzen. Wenn dann die ersten grünen Blättchen erscheinen, braucht der Keimling Kohlenstoffdioxid aus der Luft, um selbst Nahrung herzustellen.

Licht

Wenn der Nahrungsvorrat aufgebraucht ist und die Keimblätter erscheinen, brauchen diese Licht. Mithilfe der Lichtenergie können sie aus Wasser und Kohlenstoffdioxid ihre Nahrung selbst herstellen.

Der größte Samen der Welt ist der der Seychellenpalme, auch Seychellennuss genannt. Er kann bis zu 30 cm lang und 18 kg schwer werden und sieht aus wie ein Pavianpopo.

Wie Pflanzen Wasser aufnehmen

Pflanzen nehmen Wasser mit ihren Wurzeln auf und transportieren es von dort bis in die Blattspitzen. Das ist bei einem hohen Baum ganz schön weit!

Das Wasser saust sehr schnell durch eine Pflanze, etwa so schnell wie ein Lift in einem Hochhaus.

Wenn du Wasser mit etwas Speisefarbe anfärbst, kannst du den Weg des Wassers durch die Pflanze in einem einfachen Experiment verfolgen.

So funktioniert die Wasserleitung

Blätter verdunsten Wasser. Dadurch entsteht ein Unterdruck, der das Wasser in die Wurzeln und durch Xylem genannte Röhren bis in die Blätter saugt.

Diese Röhren bestehen aus überlappenden langen, hohlen Zellen. Wenn diese Zellen wachsen, strecken sie sich und es entstehen Hohlräume, die sich zu langen Röhren verbinden.

Du kannst dir das so vorstellen, als würdest du Trinkstrohhalme zu langen Röhren verbinden. Wie viele brauchst du da wohl für einen Baum?

Du brauchst:

- Chinakohl oder Staudenselleriestängel mit Blättern
- Speisefarbe
- ein paar Gläser und Wasser von Zimmertemperatur
- ein Vergrößerungsglas

1 Wenn du für dein Experiment Chinakohl nimmst, löse die Blätter vorsichtig vom Kopf. Sie sollten alle etwa die gleiche Größe haben. Je größer die Blätter, desto länger dauert das Experiment.

2 Lass dir mit einem scharfen Messer 1–2 cm vom Chinakohlblatt oder Selleriestängel abschneiden!

3 Fülle deine Gläser zur Hälfte mit Wasser und färbe dieses mit Speisefarbe an. Zehn Tropfen sollten reichen.

4 Stelle deine Blätter oder Stängel in das gefärbte Wasser.

5 Je nach Raumtemperatur nehmen die Pflanzen nach etwa einer Stunde die Farbe auf. Die besten Ergebnisse hast du am nächsten Tag.

6 Wenn die Pflanzen genug Zeit hatten, Farbe aufzunehmen, schneide das Blatt oder den Stängel auf halber Länge durch. Du solltest viele gefärbte Punkte sehen können. Das sind die Xylemzellen!

Hier sieht man, wo das von der Speisefarbe gefärbte Wasser langfließt.

7 Schau dir die Stängel und Blätter mit einer Lupe an. So kannst du den Verlauf des Xylems genau erkennen.

Weitere Experimente

Du kannst dieses Experiment auch mit weißen Nelken oder Chrysanthemen durchführen: Spalte den Stängel ganz vorsichtig in der Mitte und stelle die beiden Teile in unterschiedlich gefärbtes Wasser. Die Blüte färbt sich dann halb so, halb so. Das geht auch mit Sellerie oder Chinakohl.

Essbare Blüten

Wusstest du, dass man Blüten ESSEN kann? Sie sind nicht nur die hübschen Teile einer Pflanze, die Insekten anlocken, sie können auch unsere Mahlzeiten verfeinern.

Manche Blüten schmecken lecker, andere schmecken nach nichts, einige sind bitter und andere sind gefährlich. Nur ein Happen könnte dich umbringen! Deshalb ist es sehr wichtig, dass man nicht wahllos alle Blüten in den Mund steckt.

Hier findest du ein paar, die du gefahrlos essen kannst. Aber frage immer erst bei einer kundigen Person nach, ob du wirklich die richtigen hast:

Kapuzinerkresse

Kapuzinerkresse ist sehr scharf. Probier erst einmal nur eine!

Veilchen

Veilchen schmecken süß und aromatisch. Sie wachsen wild an Waldrändern, grasigen Wegrändern und im Halbschatten.

Basilikumblüten

Bei Basilikumblüten kann man den ganzen süß-aromatischen Blütenstand essen.

Senfrauke ist süß und scharf – lecker in Salaten.

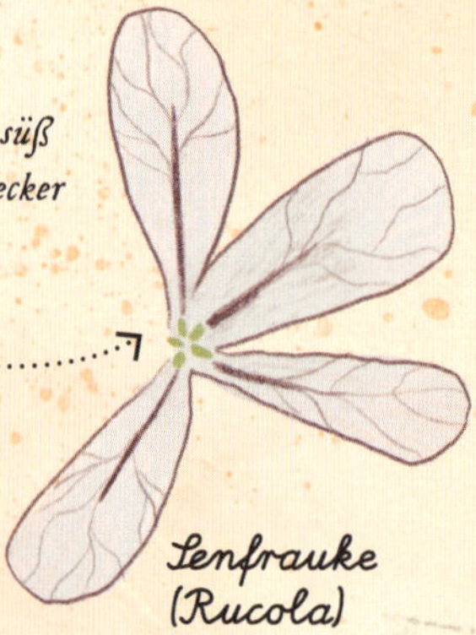

Senfrauke (Rucola)

Löwenzahnblüten sind etwas bitter, aber in Pfannkuchenteig ausgebacken schmecken sie wunderbar.

Löwenzahn

Essbare Blüten pflücken

Warnung!

Du solltest nur Blüten essen, bei denen du sicher sein kannst, dass keine giftigen Chemikalien drauf sind.

Eine ganze Reihe von Tierchen, die nicht so lecker schmecken, lieben Blüten. Deshalb solltest du aufpassen, wenn du die Blüten pflückst:

Bienen sammeln Pollen und Nektar, aber manchmal übernachten sie auch in der Blüte, wenn es zu kühl und dunkel für den Heimflug ist. Also achte auf Bienen!

Die glänzenden grünen Rosenkäfer lieben Blütenpollen. Sie wird man am besten los, wenn man die Blüte kräftig anpustet und schüttelt.

Auch Ohrwürmer fressen Pollen, vor allem im Herbst. Auch hier hilft Schütteln, damit sie die Blüte verlassen.

Weißt du, wie man bei den Ohrwürmern Männchen und Weibchen unterscheidet? Die Zangen am Hinterleib sind bei den Weibchen gerade, bei den Männchen stark gebogen.

Schnittlauch

Schnittlauch lässt sich leicht anbauen. Seine Blüten schmecken wie süße Zwiebeln.

Zucchiniblüten

Zucchiniblüten schmecken lecker gehackt in Nudelsoßen.

Ringelblume

Die leuchtend orangefarbenen Ringelblumen sehen toll auf Salaten und Suppen aus. Ihr Geschmack ist aber eher uninteressant.

Kapuzinerkresse

Essbare Blüten aus eigenem Anbau

Ringelblumen und Kapuzinerkresse kann man leicht aus Samen ziehen. Der lateinische (wissenschaftliche) Name der Ringelblume ist *Calendula officinalis* (*officinalis* bedeutet immer, dass die Pflanze in der traditionellen Pflanzenmedizin verwendet wird). Ringelblumen wirken gegen Bakterien und Viren und sind daher gut gegen Erkältung und andere Infektionen.

Die Große Kapuzinerkresse, *Tropaeolum majus*, stammt aus den südamerikanischen Anden, aber weil sie auch bei uns gut und schnell wächst, brauchst du nicht viele Samen.

Sowohl Ringelblumen als auch Kapuzinerkresse gibt es in vielen leuchtenden Farben. Wenn du dein Essen mit Ringelblumen orange färben willst (Rezept Seite 43), musst du eine tief orangefarbene Sorte säen.

1 Wenn du draußen säst, musst du das im Frühling machen, wenn es nicht mehr friert. Das ist in der Regel Ende April.

2 Die Erde muss unkrautfrei und locker sein. Lockere sie mit einer Handschaufel oder einem kleinen Rechen auf.

Tipp: *Wenn du testen willst, ob die Erde warm genug zum Säen ist, steck deine Finger hinein. Wenn sie schnell kalt werden, ist es noch nicht so weit.*

Du brauchst:

- Samen von Ringelblumen oder Kapuzinerkresse
- einen großen Blumentopf und Erde (für den Anbau drinnen) oder einen sonnigen Platz im Garten
- eine Gießkanne
- eine Handschaufel
- ein Etikett

3 Der Blumentopf muss groß genug sein, dass die Pflanze sich ausbreiten kann. Säe in einen Topf von 30 cm Durchmesser nur zwei Samen. Fülle den Topf bis fast zum Rand mit Erde.

4 Bohre dann mit deinem Finger bis zum Knöchel ein Loch in die Erde, wirf die beiden Samen hinein und fülle das Loch mit etwas lockerer Erde.

5 Wenn du draußen mehrere Samen aussäen willst, musst du darauf achten, dass sie 30 cm Abstand zueinander haben, das sind etwa vier Handbreit.

6 Gieße die Erde gut und warte, bis die Keimlinge erscheinen.

7 Wenn deine Keimlinge hervorschauen, entferne den kleineren, indem du ihn vorsichtig herausziehst. Dann kann aus dem größeren eine kräftige Pflanze werde. Ansonsten kümmern beide.

Ringelblumentee

Ringelblume

Getrocknete Ringelblumenblüten eignen sich prima für Erkältungstee. Weil er etwas bitter ist, gebe ich immer Honig hinein.

Essbare Blütenrezepte:

Du brauchst:

- 100 g Mehl
- 1 großes Ei
- 300 g Milch (oder Milchersatz)
- etwas Butter oder Kokosöl
- Löwenzahnblüten
- Ahorn-, Dattel- oder Zuckerrübensirup

Löwenzahn-Pfannkuchen

1 Gib das Mehl in eine große Schüssel und drücke in die Mitte eine Vertiefung. Schlag das Ei auf und gib es in die Vertiefung.

2 Rühre das Ei mit einem Schneebesen schaumig und mische dabei nach und nach Mehl unter.

3 Wenn das Ei mit dem Mehl verschlagen ist, gieße unter ständigem Rühren langsam die Milch zu, bis du einen glatten Teig hast.

4 Der Teig sollte etwa eine Stunde ruhen. In der Zeit kannst du die Löwenzahnblüten pflücken.

Du brauchst möglichst große, offene Blüten. Wenn ihr keine im Garten habt, geh in den Park. Den schönsten Löwenzahn findest du am Rand von Grasflächen. Die Stängel schmecken bitter, also pass auf, dass die Blüten stängelfrei sind.

5 Schau genau nach, ob die gesammelten Blüten sauber sind. Wasche sie aber nicht, sonst werden sie matschig.

6 Tauche die Blüten in den Teig. Du kannst sie kopfüber auf einen Teller legen, bis die Pfanne heiß ist. Schmelz etwas Butter in der heißen Pfanne.

7 Wenn die Pfanne heiß ist, lass dir die Pfannkuchen backen, bis sie goldbraun sind.

Jetzt das Beste: Löwenzahnpfannkuchen auf einen Teller legen, etwas Sirup darübergießen und genießen.

Orangefarbene Käsesoße

Du brauchst:

- 500 ml Milch (oder Milchersatz)
- 4 Esslöffel Mehl
- 50 g Butter
- 100 g geriebenen Käse, z. B. Cheddar
- 2–4 Esslöffel fein gehackte Ringelblumenblüten

1 Gieße 500 ml Milch in einen großen Topf, gib die Ringelblumen zu und erhitze die Milch ganz langsam.

2 Wenn sich die Milch langsam orange färbt, rühre das Mehl und die Butter unter.

3 Drehe die Hitze auf Mittel und schlage mit dem Schneebesen immer weiter, während die Butter schmilzt und das Ganze zu kochen beginnt – das Mehl löst sich auf und die Soße wird cremig.

4 Schlage die blubbernde Soße weitere 2 Minuten, rühre dann den Käse unter, bis er schmilzt. Gieße die Soße über Nudeln oder Gemüse.

Du kannst auch ein paar ganze Blütenblätter als Dekoration zugeben.

Diese Soße passt zu Blumenkohl oder Brokkoli oder zu Nudeln. Du kannst sie auch über Gemüse gießen, Brotkrümel und Kartoffelecken zugeben und alles überbacken.

Ringelblumen werden auch in der Lebensmittelindustrie zum Färben von Butter und Käse eingesetzt.

BLÄTTER

Blätter gibt es in allen Formen und Größen. Manche sind so groß wie ein Regenschirm, manche haarig, andere mit Wachs überzogen, wieder andere dornig. Manche nesseln und andere duften herrlich!

Es gibt sogar Blätter, die wirksame Schmerzmittel enthalten, und solche, die voller Gift stecken.

Ein Keimling hat Keimblätter. Wenn die „Erwachsenenblätter" erscheinen, wirft die Pflanze diese „Babyblätter" ab.

Die Beschaffenheit eines Blatts sagt oft viel darüber aus, woher eine Pflanze kommt. Blaue oder graue Blätter findet man bei Pflanzen, die an sehr sonnigen Orten wachsen – das Blaugrau reflektiert das starke Sonnenlicht, als hätte die Pflanze eine Sonnenbrille auf. Fleischige und ledrige Blätter wie die von Sukkulenten zeigen, dass die Pflanze an einem Ort mit wenig Wasser lebt. Die Blätter speichern wie kleine Flaschen Wasser für Durstzeiten.

Blätter sind das Kraftwerk der Pflanze. Wie Solaranlagen wandeln sie Sonnenlicht um, allerdings nicht in elektrische, sondern in chemische Energie, die die Pflanze zum Wachsen benötigt. Während Wurzeln Wasser aufnehmen, nehmen Blätter Kohlendioxid auf (das Gas, das du ausatmest). Mit der Energie aus dem Sonnenlicht stellt die Pflanze aus Wasser und Kohlendioxid Zucker her. Dabei wird Sauerstoff frei. Das nennt man Fotosynthese. Den Sauerstoff, den die Pflanze abgibt, brauchen wir zum Atmen.

Wusstest du, dass Pflanzen sich bewegen können? Die Venusfliegenfalle schließt ihre Blätter, um Fliegen zu fangen. Die Gebetspflanze faltet ihre Blätter jede Nacht zusammen und öffnet sie am Morgen, um das Sonnenlicht einzufangen.

Die Dornen eines Kaktus sind eigentlich seine Blätter. Der Kaktus speichert im Stamm Wasser und hat die Dornen als Schutz gegen Fressfeinde.

Blätter gibt es in vielen Farben: Gold, Orange, Rosa, Lila, Rot und natürlich viele Grüntöne. Blattgrün (Chlorophyll) ist der typische Blattfarbstoff. Er ist wichtig für die Fotosynthese.

Ein selbst gemachter Pflanztopf

Bei der Gestaltung deines Pflanztopfs kannst du deiner Fantasie freien Lauf lassen, denn der Pflanze ist es einerlei, wie ihr Zuhause aussieht. Sie wächst sogar in einer Plastiktüte, allerdings muss das Wasser ablaufen können. Das ist das Wichtigste bei jedem Blumentopf!

Du brauchst:

- 1 Milch- oder Saftkarton (mindestens 10 cm hoch)
- eine erwachsene Hilfsperson
- Messer und Schere
- Acrylfarbe
- Zeitungspapier
- Pinsel
- Folienstifte

1 Wasche den Karton aus und trockne ihn gut ab. Aufkleber solltest du entfernen.

2 Zeichne eine Linie auf, wo der Karton abgeschnitten werden soll. Du kannst auch eine Zickzacklinie oder Ohren aufmalen. Lass dir beim Schneiden entlang der Linie helfen.

3 Mit einem scharfen Messer oder einem Schraubendreher in den Boden ein paar Abflusslöcher bohren.

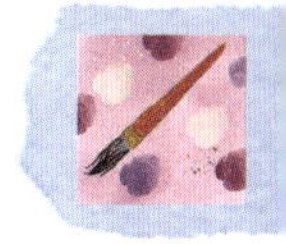

Wetten, du kannst im Recyclingmüll tolle Sachen für einen Pflanztopf finden? Such mal im Gelben Sack oder in der Gelben Tonne nach:

- *Klopapierrollen*
- *Milch- oder Saftkartons*
- *durchsichtigen Plastikbehältern*
- *Essensbehältern aus Aluminium oder Kunststoff*
- *Joghurtbechern*
- *Eisbehältern*

Klopapierrollen eignen sich prima zum Anziehen von Erbsen und Bohnen. Wenn die Keimlinge darin groß genug sind, kann man sie in der Rolle nach draußen in die Erde pflanzen – die Pappe verrottet rasch und stört die Wurzeln daher nicht. Sammle alle Klorollen, die du kriegen kannst! Diese setzt du zur Anzucht am besten dicht an dicht in eine Schale und hältst sie feucht.

Einen fantasievolleren Topf kannst du nach der Anleitung unten aus einem Getränkekarton herstellen.

4 Nun kannst du deinen Behälter anmalen. Lege Zeitungspapier unter, damit keine Farbe auf den Tisch kommt.

5 Du brauchst zwei Schichten Farbe – beide Schichten jeweils gut trocknen lassen.

6 Wenn alles trocken ist, kannst du den Topf verzieren, zum Beispiel mit einem lustigen Gesicht oder deinem Namen. Was immer du magst!

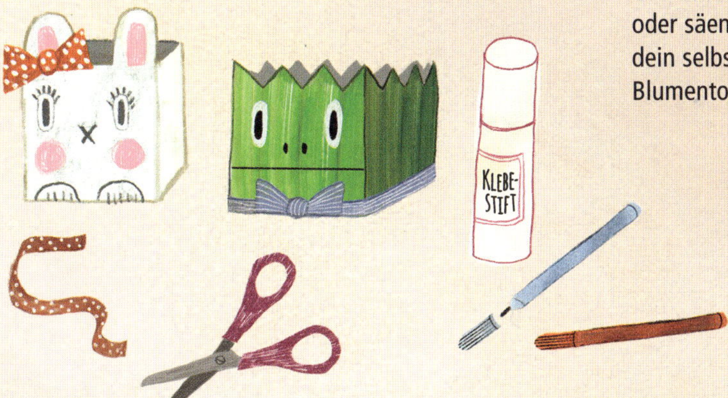

7 Nun musst du nur noch Erde in deinen Topf füllen und etwas einpflanzen oder säen. Fertig ist dein selbst gemachter Blumentopf!

Wildblumen-Samenpapier

Papier wird für tausend Dinge gebraucht: für Hausaufgaben, Zeichnen, Briefe, Notizen … Aber hast du schon einmal darüber nachgedacht, wie Papier gemacht wird? Hier kannst du es herausfinden!

Wir machen Recyclingpapier aus Altpapier. Damit es hübsch aussieht, färbe es mit selbst gemachter Farbe aus Küchenabfällen (siehe Seite 50) rosa ein, wenn du magst.

Dein Papier ist etwas Besonderes, weil du Wildblumensamen hinzufügst. Dadurch ist in deinem Papier eine Wildblumenwiese für fleißige Insekten versteckt. Du kannst jemandem auf dem Papier einen Brief schreiben, und diese Person kann das Papier dann nach dem Lesen draußen auspflanzen! Wenn das Papier in der Erde feucht wird, erwachen die kleinen Samen und keimen.

Für die Papierherstellung musst du deinen Arbeitstisch gut abdecken. Dafür brauchst du jede Menge alte Handtücher, denn es wird nass und schmutzig. Das Ganze dauert zwei Tage, also hab Geduld!

Du brauchst:

- vorwiegend weißes Papier aus der Recyclingkiste – Zeitungen, alte Briefe, dünne Pappe, aber nichts zu Glänzendes oder zu Farbiges
- eine große Schüssel
- Wasser
- ein elektrisches Handrührgerät oder einen Mixer und einen Erwachsenen, der dir hilft
- alte Handtücher
- einen Schwamm (zum Beispiel Spülschwamm)
- einen Schöpfrahmen
- ein großes, tiefes Backblech (es muss größer sein als dein Schöpfrahmen)
- Pergament oder Backpapier
- ein Päckchen Wildblumensamenmischung
- Naturfarbe (wenn du magst)

Anmerkung:

Für die Papierherstellung brauchst du einen Schöpfrahmen – ein flaches Sieb, durch das Wasser aus der Pulpe ablaufen kann. So etwas gibt es im Bastelgeschäft oder online, du kannst aber auch aus einem alten Bilderrahmen selber einen bauen. Im Internet finden sich viele Anleitungsvideos. Du kannst auch einen Stickrahmen oder ein Küchensieb umfunktionieren.

Schöpfrahmen

1 Papier in kleine Stücke reißen und eine große Schüssel mit Wasser füllen. Weiche das Papier mindestens vier Stunden lang ein, bis eine matschige Pulpe entsteht. Überschüssiges Wasser abgießen.

2 Gib das eingeweichte Papier in den Mixer und fülle ihn halb mit Wasser. Jetzt kannst du deine Naturfarbe zugeben, wenn du magst: erst die Farbe, dann klares Wasser.

Lass dir beim Mixen der Pulpe helfen.

3 Fülle das Backblech zu ¼ mit Wasser, gib die Papierpulpe zu und mische alles durch.

4 Führe den Schöpfrahmen von der Seite her ein, sodass die Pulpe aufgeschöpft wird. Hebe den Rahmen vorsichtig an und lass das Wasser ablaufen. Verteile die Pulpe mit dem Schwamm gleichmäßig auf dem Schöpfrahmen.

5 Setze den Schöpfrahmen auf ein Handtuch und tupfe überschüssiges Wasser mit dem Schwamm auf.

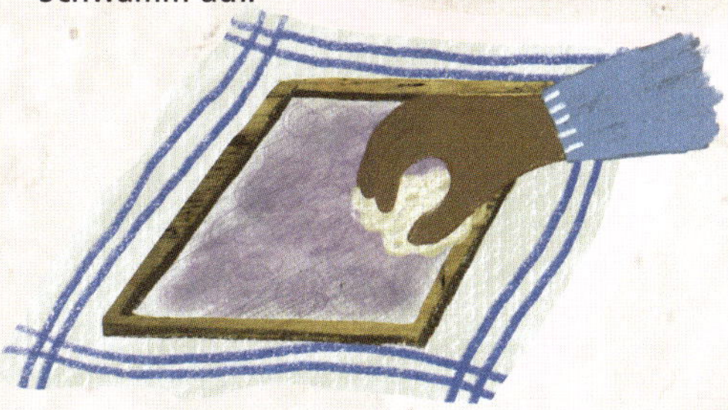

6 Streue nun deine Samen auf das Papier und presse größere Samenkörner in die Pulpe.

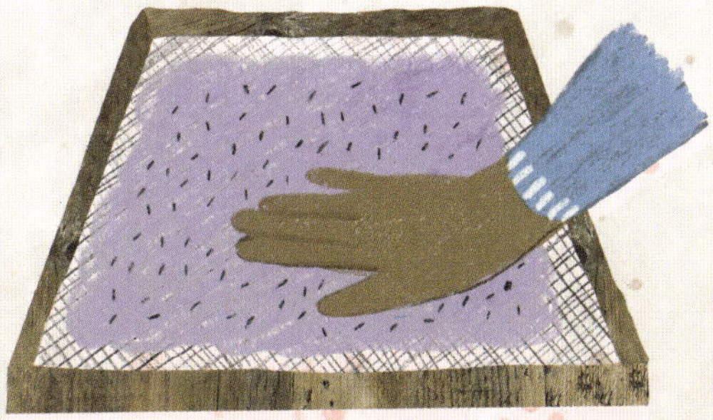

Fortsetzung auf der nächsten Seite

Fortsetzung von Seite 49

7 Wenn die Papieroberfläche leicht angetrocknet ist, kannst du den Schöpfrahmen umdrehen und das Papier zum weiteren Trocknen auf Backpapier stürzen. Das Trocknen dauert etwa 24 Stunden.

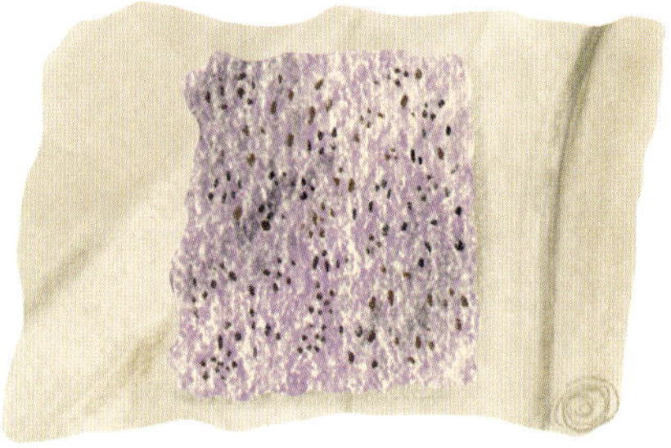

8 Sollte dein Papier nicht glatt sein, lege schwere Bücher darauf. Wahrscheinlich ist dein Papier recht dick und strukturiert (für dünnes Papier braucht es mehr Übung).

9 Wenn du deine Papierwiese verschickst, vergiss nicht, eine Gebrauchsanweisung beizulegen.

Du kannst das Papier im Ganzen in einen Topf mit Erde legen oder es in Stücke reißen und auf mehrere Blumentöpfe verteilen. Gieße das Papier gut an und bedecke es mit einer ganz dünnen Schicht Erde. Nun heißt es abwarten!

Naturfarbe herstellen

Rote Zwiebelschalen oder Rote Bete ergeben eine kräftige rote Farbe.

Von den Zwiebeln brauchst du nur die äußeren trockenen Schalen, für eine kräftige Farbe möglichst viele.

Bei Roter Bete kannst du eine ganze frische Rübe verwenden oder die Schalen von mehreren Rüben.

Du brauchst:

- eine erwachsene Hilfsperson
- einen Edelstahltopf
- Wasser
- Schalen von roten Zwiebeln oder Rote Bete (oder eine Mischung aus beidem)
- ein Sieb und ein Mulltuch zum Durchseihen

Die Herstellung der Farbe dauert zwei Tage.

1 Schneidet die Rote Bete und/oder die Zwiebelschalen in kleine Stücke.

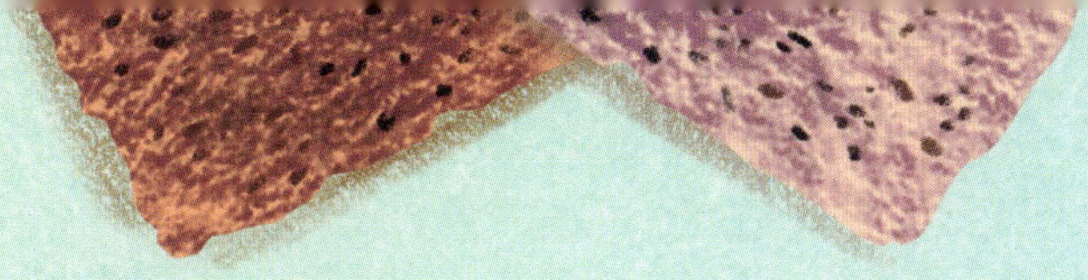

2 Gib die Stücke in den Topf und bedecke sie knapp mit Wasser.

3 Bei geschlossenem Deckel 30 Minuten köcheln, dann den Topf von der Kochstelle nehmen. Über Nacht ruhen lassen!

4 Am nächsten Morgen nochmals 30 Minuten köcheln. Danach den Topf vom Herd nehmen und mehrere Stunden abkühlen lassen.

Wiederholt dies zweimal, bis ihr eine kräftige Farbe habt.

5 Seihe die Farbe durch ein mit Mull ausgelegtes Sieb, sodass keine Bröckchen mehr drin sind.

6 Ein Teelöffel Essig macht die Farbe leuchtender.

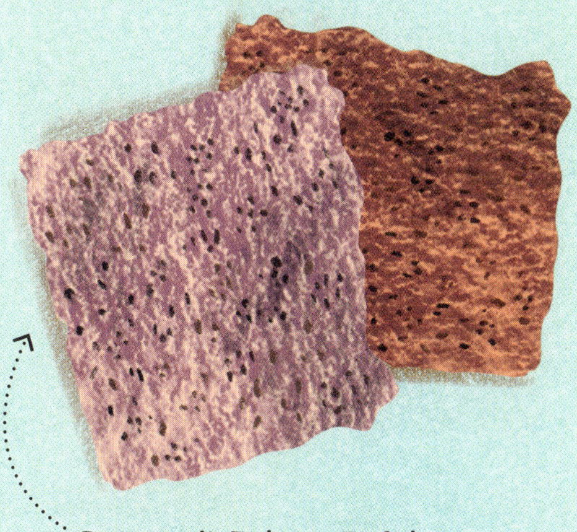

Du kannst die Farbe zum Einfärben deines Samenpapiers benutzen (siehe Schritt 2 auf Seite 49).

Wilde Wurzeln sammeln

Löwenzahnwurzeln

Löwenzahn gehört zu meinen bevorzugten Wildblumen – er ist so lecker (hast du die Löwenzahnpfannkuchen auf Seite 42 versucht?)!

Diesmal wollen wir die Wurzeln probieren. Im Zweiten Weltkrieg, als richtiger Kaffee schwer zu bekommen war, kochten und rösteten die Menschen die Wurzeln für eine Art Kaffeeersatz.

Die Wurzeln können recht bitter schmecken, aber wenn du den richtigen Trick zur Zubereitung kennst, sind sie köstlich.

I Grab den Löwenzahn mit deiner Schaufel aus. Du brauchst Pflanzen ohne Blüten, aber mit einer Blütenknospe in der Mitte. Sie sieht wie ein kleiner grüner Knopf in der Blattrosette aus.

Du brauchst:

- etwa 10 Löwenzahnpflanzen
  Du kannst sie im Garten oder im Park ausgraben (beachte dabei die „Goldenen Regeln zum Sammeln" auf Seite 16!).
- eine kleine Schaufel
- eine erwachsene Person, die dir hilft

Wir brauchen auch ein etwa 2,5 cm langes Stück Wurzel. Wir essen das Herz des Löwenzahns mit einem Stückchen Wurzel. Das ist der süßeste Teil der Pflanze.

Den Namen erhielt der Löwenzahn wegen seiner gezähnten Blätter.

2 Wenn du genug Pflanzen ausgegraben hast, wasche sie zu Hause gründlich. Zwicke dann alle Blätter ab. Kaninchen lieben Löwenzahnblätter, wenn du also ein Kaninchen kennst, kannst du es damit füttern.

3 Jetzt hast du ein Stück Wurzel, die Blütenknospe und ein paar Blattreste. Entferne alle Blattreste, sodass nur noch die Knospe mit dem Wurzelstück übrig bleibt.

4 Jetzt das Ganze etwa fünf Minuten in etwas Öl braten, wenn du magst, mit etwas Knoblauch. Mit Salz und Pfeffer würzen.

5 Etwas abkühlen lassen, dann probieren, zum Beispiel mit Spaghetti und Käse!

Echte Nelkenwurz

Du brauchst:

- Wurzeln der Echten Nelkenwurz
- eine kleine Schaufel
- eine erwachsene Hilfsperson
- 3 Äpfel
- etwas Zucker
- etwas Butter
- eine Bratpfanne

Die Echte Nelkenwurz heißt auch Benediktinerkraut und wurde früher in Klostergärten angebaut. Der wissenschaftliche Name ist *Geum urbanum*. Die Pflanze wächst im Schatten unter Hecken, in Wäldern und unter Büschen im Garten.

Die schlanke Pflanze hat behaarte Stängel und gefiederte Blätter mit gezahnten Rändern. Sie besitzt an Hahnenfuß erinnernde Blüten mit fünf Blütenblättern. Die Fruchtstände gleichen stacheligen Kugeln und die einzelnen Nussfrüchte sind mit Haken versehen, die überall hängen bleiben, an deiner Jacke ebenso wie am Fell von Tieren. So werden die Samen verbreitet: Sie verhaken sich im Fell und fallen dann irgendwo ab.

Wir verwenden die Wurzeln hier zum Würzen von Apfelmus.

1 Grabt eine Nelkenwurzpflanze aus und schnuppert an der Wurzel. Sie sollte nach Gewürznelken duften.

2 Schrubbe die Wurzeln in der Spüle, bis keine Erde mehr dran ist. Die schmeckt nämlich nicht! Du kannst mal an den Wurzeln knabbern – sie sind würzig und scharf.

3 Binde die Wurzeln zu einem Knoten zusammen.

4 Schält und entkernt die Äpfel und schneidet sie in Stücke.

5 Schmelzt etwas Butter in einer Pfanne und gebt dann die Äpfel, den Wurzelknoten, ein bisschen Zucker und einen Schuss Wasser zu und kocht die Äpfel, bis sie zu Brei zerfallen.

6 Wenn das Mus abgekühlt ist, nimm die Wurzeln, die das Mus gewürzt haben, heraus, denn sie sind zu zäh zum Essen.

Mit etwas untergerührter Sahne ist das ein leckerer Nachtisch.

Der Name Nelkenwurz weist auf den Geschmack nach Gewürznelken hin.

DER GARTEN BEI NACHT

Nachts verwandelt sich der Garten in einen ganz anderen Ort. Während du schläfst, erwacht dort eine neue Welt … Lass uns einige der nächtlichen Wesen kennenlernen:

Nacktschnecken

Fette Nacktschnecken kriechen aus ihren Verstecken und machen sich über alles her, was sie lecker finden … das können auch deine kleinen Pflanzen sein! Beim Kriechen hinterlassen sie eine Schleimspur. Diese ist für mehrere Dinge gut:

- *Sie können so über spitze, scharfe Oberflächen gleiten.*
- *Die Spur markiert den Weg zurück ins Versteck.*
- *Die Spur sagt den Freunden der Schnecke, was sie gegessen hat, wo sie geschlafen hat und ob sie sich mit ihnen treffen möchte.*

Schnecken sind bei Gärtnern nicht beliebt, weil sie Pflanzen fressen. Einige verputzen vor allem zarte Pflanzen, aber viele fressen eher solche, die welk und abgestorben sind. Sie sind so etwas wie die Müllabfuhr des Gartens.

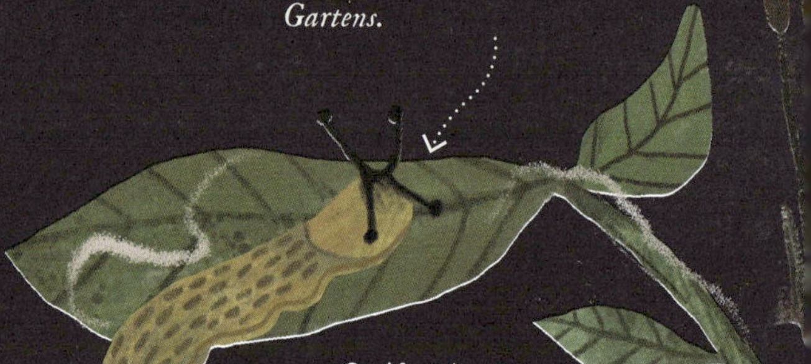

Traubenkirschen-Gespinstmotte

Gebüsch-Grün-spanner

Großer Hopfen-Wurzelbohrer

Frösche und Kröten

Auch Frösche und Kröten zeigen sich nachts, vor allem, wenn du einen Teich hast, in dem sie sich paaren können. Sie fressen Schnecken und alle möglichen Insekten.

Hast du schon mal einen Frosch bei der Jagd gesehen? Ihre lange Zunge ist wie ein klebriges Gummiband, das blitzschnell aus dem Maul schießt – und schon ist die Beute gefangen. Die Zunge wird zurückgezogen und die Beute in einem Stück verschlungen.

Nachtfalter

Während Käfer nachts über den Boden krabbeln, schwirren Nachtfalter durch die Luft.

Es gibt sehr, sehr viele Arten – viel mehr Nacht- als Tagfalter – und viele fliegen wirklich nur nachts. Sie nutzen das Mondlicht zur Orientierung und trinken den Nektar süß duftender Blüten, die sich abends öffnen.

Wenn du mit einer Taschenlampe nachts in den Garten leuchtest, kannst du vielleicht ein paar Nachtfalter tanzen sehen. Wenn du allerdings viele Falter sehen möchtest, musst du ein paar Blumen für sie pflanzen!

Grasfrosch

Laufkäfer

Viele Laufkäfer sind schwarz glänzend, manchmal mit violettem Schimmer, und sehr schnell. Tagsüber rennen sie weg – wahrscheinlich, weil du sie gestört hast und sie wieder schlafen gehen möchten. Das tun sie in Laubhaufen, unter Steinen und verrottenden Baumstämmen. In der Dämmerung begeben sie sich auf die Jagd …

Laufkäfer fressen gerne Schneckeneier und kleine Schnecken, ebenso Maden, Drahtwürmer, Blattläuse und Raupen. Das macht sie bei Gärtnern beliebt.

Blumen für Nachtfalter

Du kannst drei Blütenpflanzen anbauen, auf die Nachtfalter ganz versessen sind: Bartnelken, Waldgeißblatt und Jasmin.

Bartnelken

Diese hübschen Pflanzen kannst du aus Samen ziehen. Du wirst den Duft lieben, genau wie Schmetterlinge und Bienen. Es gibt sie in Rosa, Weiß oder Rot und sie werden an sonnigen Plätzen bis zu 45 cm hoch. Nachtfalter bevorzugen rosa und weiße Blüten. Säe Sorten mit einfachen Blüten, denn gefüllte Blüten enthalten nicht so viel Nektar und sind daher nicht so attraktiv für Bestäuber. Säe im Juli für Blüten im nächsten Sommer.

Du brauchst:

- Bartnelkensamen
- Handschaufel und Rechen
- Pflanzetikett
- Gießkanne

Die nachfolgende Anleitung ist für die Aussaat von Bartnelken (*Dianthus barbatus*) im Freien, du kannst sie aber auch drinnen in eine Anzuchtschale säen (siehe S. 10–11). Wenn die Pflänzchen ein paar Zentimeter hoch sind, pflanze sie in 30-cm-Töpfe und stelle sie nach draußen.

1. Du kannst Bartnelken direkt in die Erde säen, aber der Boden muss unkrautfrei sein.

2. Ziehe 5 mm tiefe Rillen mit 30 cm Abstand zwischen den Reihen für die Samen in den Boden. Wenn die Erde trocken ist, erst gießen!

Weinschwärmer

Wald-Geißblatt

Große Nachtfalter mit langen Zungen lieben diese Pflanze. Das Wald-Geißblatt mag feuchte Füße und den Kopf in der Sonne, deshalb musst du es im Schatten pflanzen, von wo aus es in Richtung Sonne klettern kann. Eine bekannte Sorte ist *Lonicera periclymenum* „Graham Thomas". Sie wird bis zu 8 m hoch. Pflanze es wie Jasmin (Anleitung auf der nächsten Seite).

3 Streue die Samen in die Rille. Pass auf, dass sie nicht aufeinanderliegen. Bedecke sie mit etwas Erde.

4 Sobald es den wachsenden Pflänzchen zu eng wird, dünne sie auf 15 cm Abstand aus.

5 Im Herbst kannst du die jungen Pflanzen dorthin umpflanzen, wo sie blühen sollen: an Ort und Stelle lassen, im Garten verteilen oder einzeln in 30-cm-Töpfe setzen. Damit sie kräftig werden, brauchen die Pflanzen 30 cm Abstand.

Wenn es nicht regnet, musst du die Pflanzen gut gießen, dann blühen sie im nächsten Sommer wunderschön.

Bartnelken

Fortsetzung auf der nächsten Seite

Fortsetzung von Seite 59

Jasmin

Er duftet betörend, vor allem am Abend. Die Kletterpflanze kann bis zu 12 m hoch werden (so hoch wie ein Haus). In der Blütezeit von Juli bis Oktober ist Jasmin sehr attraktiv für Nachtfalter, sodass du viele beobachten kannst.

1 Grabe mit deiner Handschaufel ein großes Loch und fülle es mit Kompost.

Du brauchst:

- eine winterharte Jasminpflanze: Die kannst du in einem Gartencenter kaufen und draußen einpflanzen. (Wenn du keinen Garten hast, dann frage doch mal, ob es im Schulgarten oder irgendwo in deiner Wohnanlage geht.)
- eine Schaufel
- Kompost
- eine Gießkanne

2 Setze den Jasmin vorsichtig, ohne die Wurzeln zu verletzen, in das Loch.

3 Im ersten Sommer musst du viel gießen, vor allem, wenn es nicht regnet. Danach kommt die Pflanze alleine klar.

Eine selbst gemachte Gießkanne

Ohne Wasser können Pflanzen nicht wachsen, sondern gehen ziemlich schnell ein. Deshalb brauchst du unbedingt eine Gießkanne.

Gute Gießkannen funktionieren wie leichter Regen: Sie lassen weiche, feine Tropfen über die Pflanzen regnen, keinen Wasserschwall. Deshalb haben Gießkannen einen Brausekopf, der für eine sanfte Berieselung sorgt. Wenn du keine Gießkanne hast, kannst du eine aus einer großen Plastikhenkelflasche (zum Beispiel für Flüssigwaschmittel) basteln.

Du brauchst:

- eine gut ausgewaschene 1-Liter-Plastikhenkelflasche (oder größer)
- ein Holzbrett, in das du Nägel schlagen kannst (nicht den Küchentisch!)
- einen kleinen Nagel
- einen kleinen Hammer
- eine erwachsene Person zum Helfen
- bunte Permanentmarker und wasserfeste Farbe

1 Schraube die Kappe von der Flasche und stelle sie aufrecht auf das Holzbrett.

4 Fülle die Flasche mit Wasser und schraube den Verschluss wieder auf. Nun kannst du sie am Henkel packen und gießen – mit deiner selbst gemachten Gießkanne!

2 Mit dem Nagel ein Loch in die Verschlusskappe hämmern.

Du kannst die Gießkanne mit wasserfester Farbe und Permanentmarkern bemalen.

3 So lange wiederholen, bis eine Brausekappe entstanden ist.

Aus einer Pastinake wird ein Blasrohr

Dieses Projekt dauert fast ZWEI Jahre von der Aussaat bis zum fertigen Blasrohr! Aber du brauchst nicht viel mehr zu tun als abzuwarten. Und du machst damit vielen Insekten eine Freude!

Pastinaken werden im Frühling gesät und im Herbst und Winter geerntet. Sie brauchen den ganzen Sommer über, um groß und dick zu werden. Wenn du sie aber nicht erntest, sondern über Winter im Boden lässt, dann blühen sie im nächsten Sommer.

Pastinaken haben richtig lange Blütenstängel, bis zu 2,5 m (größer als jeder Mensch), die Dolden aus leuchtend gelben Blüten tragen.

Die Bienen freuen sich, wenn du ein paar Pastinaken zur Blüte kommen lässt, und manchmal sitzen so viele Bienen an den Dolden, dass die Pflanze unter ihrem Gewicht wackelt.

Du brauchst:

- Pastinakensamen
- einen sonnigen Platz im Garten
- eine erwachsene Person zum Helfen
- eine Hacke
- eine Gartenschere
- ein Pflanzetikett

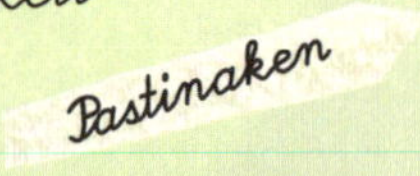

Pastinaken säen

1 Säe deine Pastinaken an einem sonnigen Tag in unkrautfreie Erde. Die beste Zeit für die Aussaat ist von April bis Anfang Mai.

2 Ziehe mit der Hacke eine etwa 1 cm tiefe Rille in den Boden. Wenn sie nicht gerade ist, ist das nicht schlimm, sie sollte nur nicht zu tief sein.

3 Pastinaken brauchen anfangs etwas feuchteren Boden. Also: unbedingt angießen, wenn es nicht geregnet hat!

4 Säe möglichst dünn, damit sich die Samen nicht berühren. Dann bedecke sie mit etwas Erde.

5 Beschrifte nun das Pflanzetikett und stecke es am Anfang der Rille in die Erde. Du kannst das Ende der Rille auch noch mit einem Stöckchen markieren.

6 Pastinaken brauchen manchmal mehr als zwei Wochen, bis sie keimen. Pass also auf, dass niemand auf sie drauf sät oder pflanzt oder sie ausrupft, weil er oder sie denkt, es wäre Unkraut.

7 Wenn die Pflänzchen ZWEI oder mehr Erwachsenenblätter haben, musst du die Rille ausdünnen (siehe Seite 7: Ausdünnen). Damit sie kräftig werden, brauchen Pastinakenpflanzen 15 cm Abstand.

Was als Nächstes zu tun ist …

Du musst nur etwa zwei Pflanzen im nächsten Jahr zur Blüte kommen lassen, um Blasrohre zu basteln, also kannst du im Herbst ein paar schöne, dicke Pastinaken ernten.

Nach den Blüten kommen die Samen – jede Menge! Du kannst einige Samen in einem hübschen Umschlag aufheben und sie an Freunde verschenken, die auch Blasrohre basteln oder Pastinaken essen wollen.

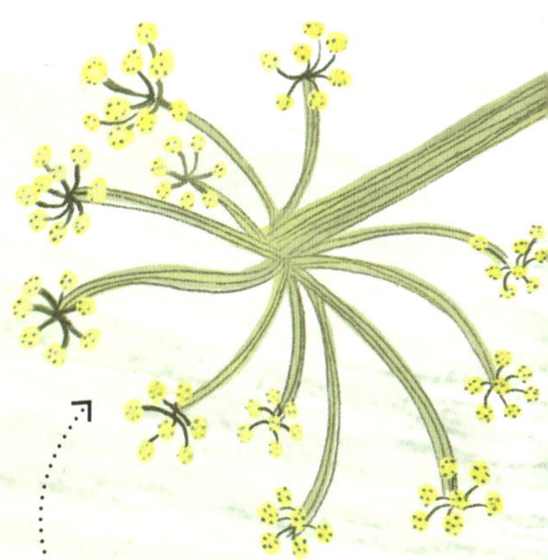

Wenn die Blüten verblüht sind und Samen erscheinen, wird die ganze Pflanze braun und trocken. Jetzt ist es an der Zeit, dein Blasrohr zu basteln.

Ein Blasrohr basteln

1 Schneide den ganzen Blütenstängel ab und suche dann das dickste Stück aus. Schneide dann mit der Gartenschere ein etwa 10 cm langes, gerades, sauberes und hohles Stück ohne Blätter ab. Das ist dein Blasrohr.

2 Stecke eine Erbse ins Blasrohr und puste am anderen Ende ganz fest hinein. Die Erbse saust hinaus!

3 Schau, wie weit du deine Erbse schießen kannst, aber ziele nie auf Menschen, Hunde, Katzen, Mäuse, Eichhörnchen oder andere LEBEWESEN. Keiner möchte von einer schnellen harten Erbse getroffen werden.

Warnung!

Achte darauf, fest zu pusten, statt zu saugen, sonst verschluckst du die Erbse oder sie könnte in deine Luftröhre geraten!

Wenn du viele Stängel hast, kannst du auch unterschiedlich lange Blasrohre schneiden und schauen, bei welcher Länge die Erbse am schnellsten oder am weitesten fliegt.

Trickreiche Stängel

Wie geht es deiner Tomatenpflanze von Seite 15? Musst du sie in einen größeren Behälter umtopfen? Damit sie viele Tomaten trägt? Nun, lass den Stängel seine Zauberkraft entfalten, damit die Tomaten möglichst gut schmecken.

Der Stängel deiner Tomatenpflanze ist mit Haaren bedeckt. Wenn diese Haare die Erde berühren oder von Kompost bedeckt sind, werden aus ihnen Wurzeln. Beim Umtopfen möchten wir erreichen, dass möglichst viele Haare zu Wurzeln werden!

Wurzeln aus dem Stängel

Kneife mit Daumen und Zeigefinger die unteren Blätter ab. Topfe dann die Pflanze in einen Topf um, der so groß ist, dass der Stängel bis zu den nächsten Blättern mit Erde bedeckt ist. Dann sprießen dort Wurzeln.

Fülle den Kompost vorsichtig um den Stängel herum an und gieße die Pflanze dann gut. Das Wasser hilft den Wurzeln beim Sprießen.

Wenn der Sommer vorbei ist und alle Tomaten längst geerntet sind, kannst du die Pflanze ausgraben und den vergrabenen Stängel untersuchen. Du siehst, dass da kein Stängel mehr ist, sondern Wurzeln! Pflanzenzauberei!

Wie man Schwebfliegen glücklich macht

Schwebfliegen machen sich im Garten unheimlich nützlich. Die Larven fressen Schädlinge und die ausgewachsenen Tiere sind wichtige Bestäuber, die sich im Unterschied zu Bienen auch von Regen nicht bei ihrer Arbeit stören lassen.

Es gibt weltweit über 6000 Schwebfliegenarten! Eine Schwebfliege von einer Biene zu unterscheiden ist gar nicht so leicht, aber bei näherer Betrachtung erkennst du vorn am Kopf große runde Augen. Außerdem haben Schwebfliegen zwei Flügel, Bienen vier.

Die Larven (Maden) sehen zwar seltsam aus, aber auch sie solltest du schützen: Schwebfliegenlarven sind Gärtnerfreunde, denn sie fressen jedes Jahr Abertausende von Blattläusen.

Made 

Schwebfliegen lieben Korianderblüten.

1 Fülle deinen Topf mit Pflanzerde und drücke sie fest in den Topf.

2 Streue die Koriandersamen hinein, sodass die Samen 5 cm Abstand haben. Du brauchst fünf bis sechs Samen pro Topf. Bedecke sie mit einer dünnen Lage Erde. Warte etwa eine Woche.

So sät man Koriander

Du brauchst:

- Koriandersamen (Du kannst sie im Gartencenter kaufen. Vielleicht findest du auch welche im Gewürzschrank. Auch die keimen, solange sie nicht zu alt sind).
- Pflanzerde
- einen Topf von 30 cm Durchmesser
- eine Gießkanne

Du kannst Koriander von März bis August draußen säen, einfach auf unkrautfreien Boden streuen und vorsichtig mit dem Rechen einarbeiten. Für den Anbau draußen folge den Schritten unten:

Junge Korianderblätter kann man essen. Manche finden, sie schmecken nach Seife, andere finden sie köstlich. Probier selbst einmal!

3 Gieße die Samen gut an.

4 Nach etwa einer Woche sollten deine Samen gekeimt sein. Nach einem Monat in der Sonne blühen die Pflanzen. Wie viele Schwebfliegen kommen wohl?

Koriandersamen ernten

Werde Samenretter!

Wenn deine Korianderpflanze verblüht ist, reiße sie nicht aus, denn jetzt kannst du die Samen ernten. Sie reifen dort, wo die Blüten waren. Die Samen sind rund und leuchtend grün. Das liegt daran, dass sie noch nicht reif und trocken sind. Die grünen Samen sind sehr lecker – man kann sie zum Kochen verwenden.

Du kannst die Samen auch braun und trocken werden lassen und dann abpflücken. Für die Ernte verwendest du am besten eine kleine Schüssel.

Gib die Samen in einen Briefumschlag und schreibe darauf, was drin ist und woher es kommt. Du kannst auch eine Schwebfliege auf den Umschlag malen.

Diese Samen kannst du nächstes Jahr benutzen oder, noch besser, an einen Freund schicken, damit auch der den Schwebfliegen helfen kann. So wirst du zum SAMENRETTER! Das ist eine der wichtigsten Aufgaben auf der Welt.

Rette Samen für eine bessere Welt!

Samen aus deinem Garten oder Blumentopf sind immer ein kleines bisschen anders als woanders auf der Welt. Wir wissen nicht, welche Samen wir in Zukunft brauchen, aber je mehr unterschiedliche Samen wir haben, desto besser!

Warnung! *Probiere nur Nektar, wenn der Klee nicht mit Pflanzenschutzmitteln oder Kunstdünger behandelt wurde!*

Nektar probieren

Als ich ein kleines Kind war, lagen meine Mutter und ich immer auf der Wiese und lutschten Nektar aus Klee. Das ist gar nicht so einfach, weil die Kleeblüten eigentlich für sehr dünne, kleine Zungen gedacht sind.

Pflücke vorsichtig eine Einzelblüte aus dem Blütenstand (sie sehen ein bisschen aus wie Trichter). Sauge dann am Blütengrund und probiere, ob da Nektar ist.

Wenn du gar nichts schmeckst, könnte dir eine Biene zuvorgekommen sein. Aber eine der nächsten Blüten steckt dann bestimmt voll von zuckersüßem Nektar! Der Nektar aller Blüten auf einer Wiese passt allerdings locker in nur einen Teelöffel.

WURZELN

Wurzeln verankern die Pflanze im Boden und nehmen Wasser und mit dem Wasser auch Nährstoffe auf. Ohne Wurzeln kann die Pflanze nicht lange überleben.

Geht es den Wurzeln gut, geht es auch der Pflanze gut. Wenn die Wurzeln aber keinen Platz haben oder zu trocken oder zu nass sind, leidet die Pflanze.

Es gibt auch Luftwurzeln, zum Beispiel bei Orchideen. Sie besitzen auf der Außenseite besondere Zellen, um Wasser und Nährstoffe aufzufangen. Dadurch kann die Orchidee hoch oben in den Wipfeln von Regenwaldbäumen wachsen, wo sie mehr Licht bekommt.

Manche Wurzeln speichern Nahrung für die Pflanze über Winter – Karotten und Pastinaken sind Beispiele für Speicherwurzeln. Sie liefern der Pflanze im nächsten Jahr Nahrung, bis sie Blätter hat.

Die erstaunlichste Fähigkeit der Wurzeln ist, dass sie miteinander „reden" können. Sie verständigen sich auch mit anderen Lebewesen: Die Pflanze sendet chemische Stoffe aus, die ihren Pflanzennachbarn und winzigen Lebewesen in der Umgebung sagen, wie sie sich fühlt. Sie schicken Botschaften wie „Ich habe Durst", „Ich mag den Regen" und „Ich werde von Insekten angegriffen".

Nematoden

Der Boden steckt voller winziger Lebewesen. Manche davon sind nützlich für die Pflanze, andere schaden ihr. Wenn die Wurzeln der Pflanze angegriffen werden oder zu viel oder zu wenig Regen haben, dann kommen immer mehr Lebewesen und zerstören sie. Wenn es den Wurzeln gut geht, umgeben sie sich mit freundlichen Nematoden.

Ein Weg, die Wurzeln gesund zu erhalten, ist Düngen. Am besten ist selbst gemachter Kompost (aus Küchenabfällen).

Manche Wurzeln wachsen nur knapp unter der Erdoberfläche. Das ist bei Brombeeren, Himbeeren und Minze der Fall. Sie schicken ihre Wurzeln so schnell wie möglich in jede Richtung, um sich weiter auszubreiten.

Manche Wurzeln wachsen sehr langsam. Eichenwurzeln wachsen Jahrhunderte lang.

Kunst mit Blättern

Blattschlag mit frischen Blättern ist eine in aller Welt bekannte Kunst zur Verzierung von Stoffen. Die Cherokee in Amerika verzieren damit Decken, in Japan ist es eine Kunstform.

Du brauchst nur ein paar frische Blätter und Blüten und weißes Material als Untergrund.

Wie stark das Bild hervortritt, hängt davon ab, wie fest du schlägst. Wenn du sanft klopfst, erscheinen die Details, die Blattadern. Klopfst du fest auf das Blatt oder die Blüte, erhältst du kräftige, abstrakte Bilder. Blatt oder Blüte sind nicht mehr zu erkennen, aber die Farben und die Energie der Pflanze.

Du kannst ja mal beides ausprobieren. Was gefällt dir besser? Das Schöne daran, ein Künstler zu sein, ist, dass du machen kannst, was dir gefällt!

Du brauchst:

- Einen Hammer – am besten einen Gummihammer. Wenn ihr so etwas nicht zu Hause habt, dann tut es auch ein kleiner Stein aus dem Garten oder Park.
- Ein Holzbrett als Unterlage, zum Beispiel ein großes hölzernes Schneidbrett. Frage vorher, ob du es benutzen darfst!
- weißen Naturfaserstoff: Kattun, Leinen, ein altes Betttuch oder Kopfkissen, ein Taschentuch, alte T-Shirts
- Frische Blüten oder Blätter (aber Frage um Erlaubnis, ehe du etwas abpflückst, das jemand anders gehört!). Die Ringelblumen von Seite 40/41 sind perfekt!

1 Lege den weißen Stoff, den du verzieren willst, auf das Brett. Lege darauf dein Blatt oder deine Blüte und darauf den übrigen Stoff.

2 Schlage nun vorsichtig mit dem Hammer oder dem Stein auf den Stoff, bis die Farbe der Pflanze sichtbar wird.

3 Wenn du die ganze Pflanze abgeklopft hast, nimm die obere Stofflage ab und entferne das Blatt oder die Blüte. Unten auf dem Stoff sollte nun ein Abdruck zu sehen sein.

Jetzt kannst du ausprobieren, mal sehr leicht und mal sehr fest zu schlagen. Lass dich vom Ergebnis überraschen!

4 Wenn du die Technik beherrschst, kannst du eigene Kunstwerke gestalten. Du könntest mit vielen Blättern einen Waldboden gestalten oder eine Wildblumenwiese oder einfach ein buntes Muster.

Gut zu wissen: Wenn du den Stoff wäschst, verläuft die Farbe und verblasst.

Eine Süßkartoffelpflanze

Süßkartoffeln stammen aus den Tropen Südamerikas, wo sie als bodendeckende Winden mit herzförmigen Blättern wachsen.

Wir essen die Speicherwurzeln der Pflanze. Aus diesen können wieder neue Pflanzen wachsen, wenn sie Licht und Wasser bekommen.

Süßkartoffeln mögen keine Kälte, deshalb solltest du sie vorsichtshalber als Zimmerpflanze ziehen. Wenn es ihr gut geht, bildet die Süßkartoffel lange Stängel. Der ideale Platz zum Wachsen ist ein Regal in der Nähe eines sonnigen Fensters, sodass die Stängel herabhängen können.

Du brauchst:

- eine Süßkartoffel
- ein großes Marmeladenglas
- einen großen Topf mit Abflusslöchern
- Wasser
- Zahnstocher
- Kompost
- einen sonnigen, warmen Platz

1 Stecke drei Zahnstocher in gleichmäßigem Abstand auf halber Höhe in die Süßkartoffel und platziere sie auf einem Glas.

2 Fülle das Glas mit warmem Wasser. Setze die Süßkartoffel so auf das Glas, dass das spitze Ende ins Wasser ragt und das runde oben herausschaut.

3 Stelle das Glas auf eine warme Fensterbank und gieße Wasser nach, wenn die Süßkartoffel trockenzufallen droht. Wechsle das Wasser, wenn es trüb wird.

4 Es dauert etwa drei Wochen, bis deine Süßkartoffeln Blätter und Wurzeln bildet.

5 Wenn die Wurzeln den Boden des Glases berühren und die Pflanze viele Blätter hat, ist es Zeit, sie in einen passenden Topf umzupflanzen.

6 Wähle einen Topf, in dem die Wurzeln genug Platz haben, ohne dass du sie verbiegen musst. Die Blätter dürfen nicht mit Erde bedeckt werden. Fülle vorsichtig Kompost um die Wurzeln, bis der Topf voll ist.

Hab Geduld, es kann bis zu einem Monat dauern, bis Wurzeln und Blätter sprießen!

7 Stelle den Topf auf einen Untersetzer, damit du die Pflanze von unten gießen kannst, und stelle beides an einen hellen Platz, aber nicht direkt in die Sonne.

Je größer der Topf, desto länger wachsen die Winden. Wenn Wurzeln aus den Löchern im Boden gucken, ist es Zeit für einen größeren Topf.

Wie man Schmetterlinge glücklich macht

Schmetterlinge haben die längsten Rüssel unter den Bestäubern. Der Rüssel muss eingerollt werden, wenn der Schmetterling fliegt.

Mit diesen langen, dünnen Rüsseln trinken die Schmetterlinge Nektar. Nektar ist eine honigsüße, dicke Zuckerlösung. Honig durch einen Strohhalm zu trinken wäre schwierig! Deshalb verdünnen die Pflanzen ihren Nektar mit Wasser, damit die Bestäuber erfolgreich sind.

Wegen der langen Rüssel brauchen Schmetterlinge sehr dünnflüssigen Nektar. Bienen sammeln das ganze Jahr über eifrig Nektar, aber es gibt Pflanzen, bei denen nur Schmetterlinge mit ihren langen Rüsseln an den Nektar kommen können. Diese nennen wir Schmetterlingspflanzen.

Wusstest du, dass Schmetterlinge mit den Füßen schmecken?

Eine der bekanntesten Schmetterlingspflanzen ist der Schmetterlingsflieder, Buddleia. *Dort wirst du auch viele Bienen sehen, aber den Nektar tief unten in den kleinen Blüten können sie nicht erreichen. Schmetterlinge aber schon!*

Buddleia

Du brauchst:

- Schmetterlingsblumenpflanzen: Skabiosen-Flockenblumen Schwarze Flockenblume Acker-Witwenblumen Oregano (Echter Dost) Karden sind prima und leicht anzubauen
- einen Rechen
- eine Gießkanne

Du kannst deine Samen entweder sortenrein oder als Wildblumenmischung kaufen. Wenn du in Töpfe säst, sind Oregano und Acker-Witwenblume am besten.

Anmerkung für Erwachsene:

Auf der Samenpackung sollte die Größe des erforderlichen Beets stehen. Im Zweifel sollte man mit der doppelten Samenmenge rechnen.

Aussaat von
Schmetterlingsblumen

Du musst die Samen auf freien Boden ohne Unkraut oder Gras säen – im September oder von März bis Anfang Mai.

1. Verteile die Samen auf dem Boden. Für eine gute Verteilung kannst du die Samen mit etwas Sand mischen, dann siehst du auch, wo die winzigen Samen hinfallen.

Wenn du im September gesät hast, sollten die Pflanzen bis Juni zu blühen beginnen. Wenn du im Frühling gesät hast, blühen sie von August bis September.

2. Arbeite die Samen vorsichtig mit einem Rechen in die Erde und gieße sie ordentlich an.

Wenn es nach einer Woche noch nicht geregnet hat, musst du das ganze Beet nochmals gießen. Die Pflanzen sollten nach ein paar Wochen sprießen.

Schau, wie viele Schmetterlinge (und Bienen) zu Besuch kommen. Vielleicht kannst du Buch führen?

Schmetterlingsbeobachtung

○ Kommafalter

○ Zitronenfalter

○ Aurorafalter

○ Kleiner Fuchs

○ Kleiner Kohlweißling

○ Pfauenauge

○ Zwerg-Bläuling

○ Admiral

○ Bunter Dickkopffalter

○ Rapsweißling

○ Distelfalter

○ Hauhechel-Bläuling

Hilfe für Hummeln

Eine Hummel arbeitet unermüdlich als Bestäuberin, aber manchmal stehen die Blüten in weitem Abstand oder es gibt im zeitigen Frühjahr zu wenige oder sie verfliegt sich auf dem Nachhauseweg und hat keine Energie mehr.

Die arme Hummel ist erschöpft und verwirrt. Manchmal siehst du solche Hummeln auf dem Boden herumlaufen, weil sie zu müde zum Fliegen sind.

Du kannst der Hummel mit einer Zuckermahlzeit helfen. Schau nur, wie schnell sie Energie tankt und davonfliegt!

Du brauchst:

- einen Teelöffel
- 1/8 Teelöffel (1 Prise) Zucker
- etwas warmes Wasser

ZUCKER

1. Hummeln trinken nicht viel. Deshalb reicht es, den Zucker in einem Teelöffel Wasser aufzulösen.

2. Lege den Teelöffel mit der Zuckerlösung vor die Hummel. Hummeln können Zucker riechen. Also wandert sie zum Löffel und trinkt.

Wenn du genau hinschaust, siehst du, wie sie das süße Getränk ausleckt. Dann schüttelt sie sich – und auf geht's!

Abflug!

Meine kleine Hülsenfrüchtefarm

Mit Linsen, Mungbohnen oder Kichererbsen aus dem Küchenschrank kannst du eine kleine Farm auf dem Fensterbrett anlegen.

Du brauchst:

- eine Anzuchtschale (eine große Obst- oder Gemüseschale aus dem Recycling-Müll ist okay)
- Komposterde
- getrocknete Linsen (ganze braune Samen, Spaltlinsen keimen nicht mehr), Mungbohnen oder Kichererbsen
- Bauernhoffiguren wie Bauer, Tiere (oder Dinosaurier, Einhörner ...) aus Plastik
- ein kleiner Spiegel oder Joghurtbecher für einen Teich
- eine Schale ohne Löcher (zum Beispiel eine selbst gemachte aus Alufolie)
- eine Gießkanne

I Fülle die Anzuchtschale mit Komposterde und entscheide, wo dein Teich entstehen soll. Wenn du einen Spiegel benutzt, kannst du ihn einfach in den Kompost drücken. Benutzt du einen Joghurtbecher, musst du ihn so eingraben, dass man die Ränder nicht sieht. Wenn du mit deiner Farm fertig bist, kannst du den Teich mit Wasser für die Tiere füllen.

Die Erde in deiner Schale muss nicht eben sein, du kannst auf einer Seite auch einen kleinen Hügel anlegen, aber nicht zu nah am Rand. Sonst gibt es einen Erdrutsch!

2 Nimm jetzt eine kleine Handvoll Linsen (oder Bohnen oder Kichererbsen) und lege deine Felder an. Du musst die Samen nur leicht in den Kompost drücken, sodass sie von etwas Erde bedeckt sind.

3 Du kannst deine Felder mit einem Zaun mit Tor umgeben oder deine Tiere frei herumlaufen lassen.

Nach etwa vier Tagen sollten die Samen keimen. Wässere die Felder jeden zweiten Tag oder wenn die Erde trocken wird.

Deine Farm braucht eine Wasserauffangschale, auf der sie steht. Wenn du nichts Passendes hast, lass dir helfen, eine aus Alufolie zu basteln.

4 Stelle deine Farm auf eine Fensterbank oder in Fensternähe an einen warmen Platz. Linsen brauchen etwa 20 °C.

5 Gieße deine Farm nun vorsichtig mit der Gießkanne. Deine Pflanzen und Tiere mögen leichten Regen lieber als einen Wolkenbruch, der zu einem Erdrutsch führt.

Deine Farm braucht viel Licht, damit die Pflanzen kräftig werden.

Sprossenzucht

Die Keimlinge von Kopfsalat oder Kräutern sorgen für eine tolle Geschmacksmischung, auch wenn sie winzig klein sind.

Die Anzucht erfolgt wie bei den Erbsensprossen. Als Anzuchtschale eignen sich Plastikschalen zum Beispiel von Fertiggerichten. Samen für die Sprossen findet man oft im Küchenschrank. Vielleicht hast du auch noch Samen von anderen Projekten übrig. Hier einige Vorschläge:

Samen für Sprossen

Aus dem Küchenschrank:

Popkornkerne:
super süß und lecker

Korianders:
Die würzigen Sprossen wachsen besonders schnell.

Getrocknete Kichererbsen:
Wachsen schnell. Am besten schmecken die jungen Blätter wie Spinat gekocht.

Fenchel:
Die dünnen, fedrigen Sprossen schmecken nach Lakritz.

Aus dem Samenhandel:

Brunnenkresse:
würzig scharf und süß

Radieschen:
Die Blättchen sind sehr scharf. Vorsichtig probieren!

Rote-Bete-Samen
Die Blättchen schmecken erdig und süß.

Brokkoli:
köstliche süße Blättchen

Kopfsalat:
zarte Blättchen

Spinat:
Schmeckt allen.

Wie man Sprossen zieht

1 Zuerst müssen Abflusslöcher in die Plastikschale gebohrt werden (siehe S. 46).

Du brauchst:

- eine erwachsene Hilfsperson
- eine Plastikschale mit Deckel
- Pflanzerde
- Samen (Alle hier vorgeschlagenen Samen sind geeignet.)
- eine Gießkanne
- eine Schere

(Der Deckel dient als Gewächshaus zum Keimen und später als Untersetzer zum Wasserauffangen.)

2 Fülle die Schale zu ¾ mit Erde und gieße sie gut an. Du kannst das mit der Gießkanne machen oder eine Spülschüssel mit Wasser füllen und die Schale zum Vollsaugen hineinstellen.

3 Verteile deine Samen dick, aber gleichmäßig über die Erde. Versuche, sie nicht übereinander zu säen.

4 Bedecke größere Samen wie die von Koriander, Roter Bete, Spinat und Popcornmais mit Erde, die winzigen von Radieschen, Brunnenkresse und Kopfsalat nicht.

5 Mit einem durchsichtigen Deckel oder Plastikfolie abdecken!

6 Die meisten Sprossen erscheinen nach vier bis fünf Tagen. Du kannst sie ab einer Höhe von 3 cm ernten – am besten mit einer Schere. Einmal abgeschnitten, wachsen die Pflanzen nicht mehr nach.

7 Wirf die Pflanzerde nach der Ernte nicht weg. Streue eine frische Schicht Erde auf und säe erneut. Das kannst du mindestens dreimal wiederholen.

Das verborgene Netz des Waldes

Tag und Nacht unterhalten sich die Bäume des Waldes miteinander.

Ältere Bäume erzählen den jüngeren, wie sie gelebt und überlebt haben. Sie warnen vor Schädlingen und geben Gesundheitstipps. Sie erzählen sogar davon, dass Menschen sie fällen.

Wir beginnen gerade erst zu verstehen, wie sich die Bäume verständigen. Jeden Tag lernen die Forschenden, die sich damit befassen, ein bisschen mehr.

Bisher kennen wir zwei Wege, wie Bäume miteinander kommunizieren: über ihre Wurzeln und über ihre Blätter. Die Wörter ihrer Sprache sind chemische Stoffe. Die Blätter geben jeden Tag Hunderte von Stoffen ab – Wissenschaftler haben bisher 500 gezählt. Manche dieser Stoffe können wir riechen, wie wir frisch gemähtes Gras riechen können.

Bisher wissen wir nur, dass Bäume miteinander kommunizieren können, aber vermutlich tun das alle Pflanzen.

Bäume verständigen sich über das *Wood Wide Web* (in Anlehnung an das *World Wide Web* des Internets), das verborgene Netz des Waldes. Es funktioniert ein bisschen wie das Internet, aber nicht mit Kabeln, sondern mit Pilzfäden.

Pilzfäden sind sehr zart und empfindlich. Aber wenn du vorsichtig suchst, findest du sie im Waldboden.

Du brauchst:

- eine erwachsene Hilfsperson
- eine Lupe
- einen Wald oder eine Baumgruppe

Die Pilze pflegen eine richtig gute Freundschaft mit den Wurzeln. Als Belohnung dafür, dass sie die Wurzeln der Bäume mit denen der Nachbarn verbinden, bekommen die Pilze von den Bäumen Zucker und andere Nährstoffe. Je besser genährt die Pilze sind, desto besser funktioniert die Kommunikation.

1. Suche dir einen Baum mit viel Laub am Boden ganz in seiner Nähe. Kratze mit deinen Fingern vorsichtig die oberste Bodenschicht weg.

2. Betrachte den Boden durch die Lupe. Kannst du etwas Weißes sehen, das an Baumwollfäden erinnert? Das sind die Pilzfäden, die die Bäume über das Wood Wide Web verbinden. Was meinst du, sagen sich die Bäume heute? Ich wette, sie reden über das Wetter …

Warnung!

Manche Pilze sind giftig. Deshalb solltest du keine Pilze anfassen oder gar herausreißen und dir nach deiner Waldexkursion auf jeden Fall die Hände waschen!

Tomate

Heute bin ich Biene

Wusstest du, dass du die Pflanzen im Garten bestäuben kannst wie eine Biene?

Das klingt verrückt, ist aber eine wichtige Aufgabe. Eine Freundin von mir arbeitet für die Kew Gardens in London und bestäubt den ganzen Tag lang Pflanzen.

Die Kew Gardens haben Pflanzen aus aller Welt. Manche sind sehr selten und kommen aus Gegenden, wo ihr Lebensraum verschwunden ist – durch Bebauung, Brände oder Überschwemmung. Kew Gardens hegt diese Pflanzen, bis ihr Lebensraum wiederhergestellt ist.

In den Gewächshäusern wird die Umwelt der Pflanzen bestmöglich nachgeahmt, aber die Bestäuber können nicht mitgebracht werden. Hier gibt es keine Kolibris, Fledermäuse oder tropische Bienen, Wespen oder dicke, fette Käfer.

Deshalb muss meine Freundin Pollen von einer Pflanze auf die Narben einer anderen übertragen, damit diese Samen bilden kann. Diese Samen werden dann für die Aussaat in der Heimat der Pflanze aufgehoben.

Jetzt bist du dran mit Bestäuber Spielen!

Du kannst nur eine Tomatenblüte mit Tomatenpollen oder eine Zucchiniblüte mit Zucchinipollen bestäuben. Du kannst keine Tomate mit Zucchinipollen bestäuben und keine Rose mit Wickenpollen. Fremden Pollen lehnen die Pflanzen ab.

Wicke

Du brauchst:

- einen kleinen weichen Pinsel
- blühende Pflanzen
- gute Augen oder deine Brille (Pollen sind sehr klein!)

1. Suche dir eine Blüte und sieh nach, ob nicht schon eine Biene die Arbeit erledigt. Wenn die Blüte frei ist, nimm deinen Pinsel und nimm damit Pollen auf.

Löwenzahn

2 Schau nun, welche Farbe deine Pollenkörner haben. Die meisten sind gelb-orange oder gelb, Löwenzahnpollen aber sind leuchtend orangerot, Himbeerpollen grau, Schlafmohnpollen fast schwarz und Pollen der Roten Taubnessel dunkel blutrot.

3 Du kannst den Pollen auf ein weißes Blatt Papier abklopfen. Schau einmal, wie viele Farben du findest, wenn du das mit verschiedenen Blüten machst.

4 Wenn du aber Biene spielen willst, musst du deine gesammelten Pollen auf die Narbe einer anderen Blüte bringen, damit diese Samen bilden kann.

5 Geh mit deinem pollenbeladenen Pinsel zu einer anderen Blüte derselben Art und tupfe ihn auf der klebrigen Narbe ab (sie ragt in der Mitte der Blüte hervor). Nach der Bestäubung kann die Befruchtung und die Samenbildung beginnen.

Wir verdanken den Bienen und anderen Bestäubern eine ganze Menge Obst und Gemüse wie Äpfel, Birnen, Himbeeren, Erdbeeren und Tomaten, Auberginen und Paprikaschoten, ja sogar den Kakao für die Schokolade.

Selbst die Milch der Kühe verdanken wir letztlich den Bienen. Kühe fressen Pflanzen wie Klee, und auch der wird von Bienen bestäubt. Gäbe es die Bestäuber nicht, könnten wir nur Gras essen. Deshalb sei nett zu den Bienen!

STÄNGEL

Der Stängel transportiert Wasser und Mineralstoffe von den Wurzeln bis in die höchsten Blätter und Blüten und Nährstoffe aus den Blättern in alle Teile der Pflanze. Die Leitungsbahnen des Stängels sind unermüdlich im Einsatz.

Der Stängel hält die Pflanze aufrecht, der Stamm eines Baums bis in große Höhen. Oder er lässt sie über den Boden kriechen oder wild wuchern wie bei der Brombeere.

Einige Stängel winden sich um Stützen, damit die Pflanze ans Licht gelangt. Eine Stangenbohne zum Beispiel windet sich um eine Stange dem Licht entgegen.

Manche Stängel, wie die von Brombeeren und Rosen, haben spitze „Dornen" (botanisch gesehen sind es Stacheln). Diese schützen vor hungrigen Tieren. Wer will schon ein Maul voller Stacheln haben! Die Stacheln helfen aber auch beim Klettern, indem sie sich am Untergrund festhaken.

Wenn eine Stachel- oder Dornenspitze nach unten zeigt, dient sie der Pflanze als Kletterhaken. Zeigt die Spitze nach oben oder gerade nach außen, dient sie als Warnung: „Abstand halten und keinesfalls zubeißen!"

Manche Stängel sind gewaltig, wie der Stamm einer Eiche, andere hauchdünn wie ein Grashalm. Große Stämme brauchen viel Zeit, um so dick und hoch zu werden. Das Alter eines Baums kann man an den Ringen im Stamm ablesen. Jeder Ring steht für ein Jahr im Leben des Baums.

An der Spitze ist die Hauptwachstumszone des Stängels. Dort bilden sich neue Zellen, die den Stängel verlängern.

Bei manchen Pflanzen wie beim Kletten-Labkraut sind die Stängel mit klebrigen Haken besetzt. Damit kann man anderen einen Streich spielen, indem man Stängelstücke hinten auf deren Pullover wirft.

Neue Pflanzen aus Küchenabfällen

Wusstest du, dass aus deinen Küchenabfällen neue Pflanzen wachsen können? Viele Gemüse treiben mit etwas Wasser neu aus, und die neuen Triebe sind zart und lecker. Einfach mal ausprobieren!

Rote Bete

Speiserübe

Für Rote Bete, Speiserüben, Steckrüben und Karotten brauchst du das obere Stückchen der Rübe, wo die Blätter herauswachsen. Du benötigst nur 2–5 cm. Die schneidest du vor dem Kochen ohnehin meist ab.

Karotten

Sellerie

Bei Sellerie, Zwiebeln, Frühlingszwiebeln, Lauch, Kopfsalat und Chinesischem Senfkohl brauchst du den unteren Teil. Bitte einen Erwachsenen, 5–8 cm abzuschneiden.

Lauch

Chinesischer Senfkohl

Bei Salat und Zwiebeln musst du nur den abgeschnittenen unteren Teil in einen Topf mit feuchter Erde legen. Du brauchst ihn nicht vergraben.

Bei allen anderen Gemüsesorten musst du die abgeschnittenen Teile in etwas Wasser in einer Untertasse auf ein sonniges Fensterbrett stellen. Nach ein paar Tagen tut sich etwas.

Neonrosa Rote Bete im Dunkeln ziehen

Willst du etwas Besonderes ausprobieren, dann lass einige deiner Rote-Bete-Oberteile im Dunkeln wachsen! Das nennt man „forcieren" (zwingen). Da die Pflanze gezwungen ist, im Dunkeln zu wachsen, bildet sie keine grünen Blätter. Für viele Blätter brauchst du eine ganze Knolle, für ein paar reicht der abgeschnittene obere Teil.

Du brauchst:

- einen Topf (gerade groß genug für deine Rote Bete)
- Komposterde
- Wasser
- einen größeren Topf zum Abdecken des Pflanztopfs
- Paketband oder Zeitungspapier

1. Pflanze deine Rote-Bete-Knolle in den kleineren Topf mit etwas Kompost. Der obere Teil muss auf der Erde sitzen. Gieße den Kompost und stelle den Topf auf einen Untersetzer.

2. Verschließe nun das Abflussloch des großen Topfs mit Paketband oder stopfe etwas Zeitungspapier hinein. Es darf kein Licht durchdringen.

3. Stülpe den großen Topf über die eingepflanzte Rote Bete.

4. Die Rote Bete braucht es warm, aber nicht zu trocken (also nicht direkt an einem Heizkörper).

Überprüfe den Wachstumsfortschritt nach einer Woche. Welche Farbe haben die Blätter? Im Dunkeln bilden sie keinen grünen Blattfarbstoff. Stattdessen sind sie gelb oder sogar weiß!

Ein Zauberstab aus Weidenruten

Weiden sind magische Bäume und sie werden seit Langem in der Medizin genutzt. Der Stoff für das Schmerzmittel Aspirin kommt ursprünglich von Weiden. Weidenruten dienten auch als Baumaterial und werden noch heute zum Korbflechten genutzt.

Weiden wachsen oft am Wasser und ihre Rinde ist feucht und biegsam, sodass sich der Baum im Wind biegt. Diese Biegsamkeit macht Weiden ideal zum Flechten: Wir können Kreise für Körbe biegen und wir können Weidensterne machen.

Wir verwenden Weidenruten nur im Winter, wenn die Blätter abgefallen sind. Du findest Weiden oft an Flussufern, in Parks und sogar an Parkplätzen. Frage dort aber nach, ob du ein paar Zweige haben kannst.

Wenn nirgendwo Weiden zu finden sind, kannst du auch Hartriegel verwenden. Diese Zierpflanze hat im Winter leuchtend rote Zweige. Oder du kaufst Weidenruten. Du musst in jedem Fall die Zweige erst in Wasser einweichen, damit sie biegsam werden.

Du brauchst:

- lange, gerade Weidenruten, mindestens 1 m lang, von der Dicke eines Bleistifts
- Handschuhe (es könnte kalt sein)
- Gartenschere (und eine erwachsene Person zum Helfen)
- Schnur oder Band
- PVA-Kleber

1 Schneidet die Weidenruten mit der Gartenschere dicht am Stamm ab.

Warnung!

Pass auf, dass du dir oder anderen nicht ins Auge stichst!

2 Knicke den Weidenzweig vorsichtig auf halber Höhe, aber pass auf, dass du ihn nicht durchbrichst. Dieser Knick ist die Sternenspitze.

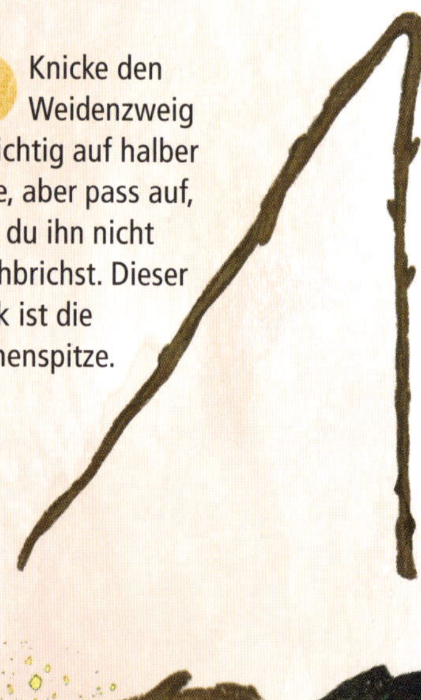

Biege nun den Rest der Rute wie in diesem Schaubild gezeigt zu einem Stern:

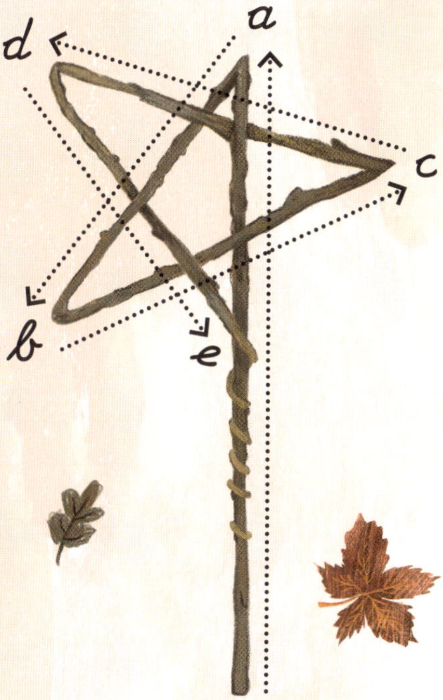

3 Du kannst den Stiel des Zauberstabs mit Schnur oder Band umwickeln und den Stern mit Knöpfen, Herbstblättern und Samen verzieren, die du mit PVA-Kleber befestigst.

Hinweis: *Wenn du den Zauberstab in einen Topf pflanzt, treibt er wahrscheinlich aus und wird zu einem Baum.*

Wenn dein Zauberstab fertig ist, kannst du ihn mit einem Zauberspruch noch magischer machen.

Hier ist ein einfacher Zauberspruch:

Danke, Weide, für die guten,
vielen Bastel-Weidenruten.
Als Zauberstab sollst du nun geben
allen Weiden langes Leben.

Register

Für Jamesy, Hester und Arthur
A.F

Für meine beiden Wildblumen, Florence & Henry x
H.G

Die Royal Botanic Gardens (Kew), die Königlichen Botanischen Gärten von Kew, sind als wissenschaftliche Institution und wegen ihrer Parklandschaften der Kew Gardens bei London und des wilden botanischen Gartens in Wakehurst in West Sussex weltberühmt. In Wakehurst befindet sich die Millenium-Samenbank, das größte Samenarchiv der Welt. Die eingelagerten Samen sind Teil eines internationalen Naturschutzprojekts mit dem Ziel, Tausende von Arten vor dem Aussterben zu schützen. Mit dem Kauf dieses Buches unterstützen Sie Kews Projekte in aller Welt, die dem Schutz von Biodiversität, von Pflanzen und Pilzen, die uns vielleicht einmal das Leben retten, dienen.

www.kew.org

Die Originalausgabe erschien 2021 bei Bloomsbury, London,
in Zusammenarbeit mit den Royal Botanic Gardens, Kew,
unter dem Titel *Grow, Forage and Make. Fun Things to do with Plants.*
Text copyright © Alys Fowler, 2021
Illustrations copyright © Heidi Griffiths, 2021
This translation of KEW: Grow, Forage and Make
is published by Gerstenberg Verlag GmbH & Co. KG
by arrangement with Bloomsbury Publishing Plc
Alle Rechte vorbehalten

Deutsche Ausgabe Copyright © 2024 Gerstenberg Verlag, Hildesheim
Alle deutschsprachigen Rechte vorbehalten
Übersetzung: Margot Wilhelmi, Engen-Neuhausen

Printed in China

www.gerstenberg-verlag.de
ISBN 978-3-8369-6243-8

Weitere spannende Sachbücher
findest du auf unserer Homepage:
www.gerstenberg-verlag.de

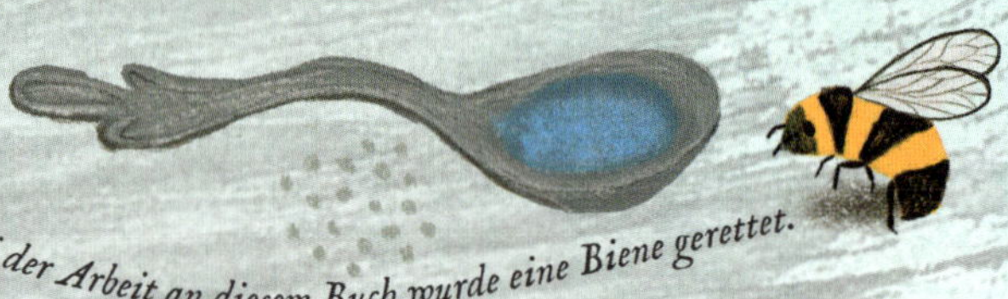

Bei der Arbeit an diesem Buch wurde eine Biene gerettet.